HAGAN LO MISMO QUE YO HICE CON USTEDES

CARTA PASTORAL SOBRE EL MINISTERIO

Cardenal Rogelio Mahony

y los

Sacerdotes de la Arquidiócesis de Los Ángeles

Jueves Santo
20 de abril del 2000

LITURGY
TRAINING
PUBLICATIONS

Reconocimientos

El texto de *Hagan lo mismo que Yo hice con ustedes* Copyright © 2000,
por la Arquidiócesis de Los Ángeles, California.
Todos los derechos reservados.

Hagan lo mismo que Yo hice con ustedes originalmente fue publicado
en *Vida Nueva*, el periódico oficial en español de la Arquidiócesis
de Los Ángeles, el 20 de abril del 2000.

Esta edición bilingüe, en español e inglés, © Liturgy Training Publications,
1800 North Hermitage Avenue, Chicago, Illinois 60622–1101;
teléfono: 1-800-933-1800; vía electronica: orders@ltp; facsímil:
1-800-933-7094; página en Internet: www.ltp.org.

Miguel Arias y Víctor Alemán editaron este libro con la asistencia de
Mariano Torrespico Ortíz como editor de producción. Anne Fritzinger
estuvo a cargo del diseño de portada, Anna Manhart del diseño
interior y Mark Hollopeter de la composición tipográfica. Impreso
y encuadernado en los talleres de Printing Arts of Chicago.

El arte de portada, detalle, *El lavado de los pies, No. 2,* © 1999 por
John August Swanson, es un cuadro en pintura acrílica de 23 por 29.5
pulgadas. Cartelones y tarjetas a todo color de las obras del Sr. Swanson
están disponibles en la National Association for Hispanic Elderly,
234 East Colorado Boulevard, Suite 300, Pasadena, California 91101,
teléfono: 626-564-1988.

Las fotografías en las páginas 17 y 41, fueron tomadas por
Antonio Pérez.

Es posible que los lectores de *Hagan lo mismo que Yo he hecho con
ustedes* quieran leer, conocer y explorar la carta pastoral sobre la liturgia
Reúnanse Fielmente en Asamblea, del Cardenal Rogelio Mahony, que
fue publicada en 1997 por Liturgy Training Publications bajo el título
de *Guía para la Misa Dominical.*

ISBN 1-56854-406-5

HAVDON $5.00

04   03   02   01   00   5   4   3   2   1

Contenido

PRIMERA PARTE

LA PARROQUIA CAMBIANTE

LA PARROQUIA DE SAN LEÓN, DE LA ARQUIDIÓCESIS DE LOS ÁNGELES EN 1955

1 En el año de 1955 la Parroquia de San León en Los Ángeles se veía como la mayoría de las parroquias en la Arquidiócesis de Los Ángeles, al igual que en el resto de los Estados Unidos. En ese tiempo, el párroco de San León había estado allí por 22 años, y dos vicarios parroquiales a tiempo completo habían sido designados para ayudar en las tareas de esa parroquia. En los fines de semana, dos sacerdotes de una numerosa orden religiosa se integraban para ayudar con confesiones los sábados y con Misas los domingos. Había tres sacerdotes a tiempo completo y dos más sirviendo a medio tiempo a un promedio de 1,500 familias en la parroquia.

2 El trabajo primordial de la parroquia era sacramental, educacional y devocional. Cinco Misas en Latín eran celebradas los domingos en la mañana iniciando con la Misa de las 6:00 A.M. y terminando con la Misa de las 11:30 A.M. No había Misas de vigilia los sábados por la noche y el ayuno eucarístico iniciaba desde la medianoche del sábado y continuaba hasta después de haber recibido la sagrada comunión en la Misa del domingo. Solamente los Sacerdotes distribuían la sagrada comunión en cada Misa y leían la Escritura en Latín, mientras los fieles seguían la traducción del texto en sus misales. Usualmente el Evangelio se repetía en Inglés antes del sermón.

Las Misas durante la semana eran a las 6:30 A.M. y 8:00   3
A.M. La Misa para los alumnos de la escuela se celebraba todos los
jueves a las 9:00 A.M. Durante la Cuaresma, llevaban a los alumnos de la escuela a Misa cada mañana antes del inicio de las clases.
Todos los niños de la escuela se confesaban los jueves anteriores a
los Viernes Primeros. En los Viernes de Cuaresma, los niños reza-
ban el vía crucis inmediatamente después de la Misa. La Escuela
Católica de San León era administrada por un gran número de
Religiosas. La mayor parte de los estudiantes tenían una Hermana
como maestra en la mayoría de los ocho grados. Los maestros laicos
eran una excepción en la escuela de San León.

Las confesiones se escuchaban cada sábado, de las 4:00 P.M.   4
a las 5:30 P.M., y de las 7:30 P.M. hasta las 9:00 P.M. Debido a que
la mayoría de los feligreses iban a confesarse antes de recibir la
comunión, las filas para entrar al confesionario eran bastante largas.
Con frecuencia, las confesiones también se escuchaban los domingos durante las Misas.

Las devociones a Nuestra Señora del Perpetuo Socorro se   5
llevaban a cabo los martes por la noche, las Damas de la Herman-
dad se reunían los miércoles en la iglesia para rezar el rosario, y la
Sociedad del Santo Nombre se reunía para la Hora Santa los jueves
por la noche. Con frecuencia se impartía la bendición con el San-
tísimo Sacramento después de las devociones.

El asistente más joven del párroco estaba a cargo de la Cofra-   6
día de la Doctrina Cristiana, ayudaba a organizar los programas
del sábado por la mañana, enseñaba a los maestros voluntarios, y
tomaba bajo su cuidado todos los detalles del programa. También
preparaba a los acólitos y programaba los horarios regulares.

El asistente de párroco más experimentado se hacía cargo   7
de las visitas a los enfermos en el hospital y en los asilos, y luego
se hacía cargo del pequeño grupo juvenil "Chi Rho Club" que
se reunía dos veces al mes. También era el capellán de la Legión
de María.

Los asistentes del párroco visitaban la escuela parroquial regu-   8
larmente y se hacían presentes en el área de juegos durante los
recreos o a la hora del almuerzo. Con frecuencia visitaban los

salones de clase y los niños de la escuela los consideraban como héroes especiales.

9   El párroco se hacía cargo de la administración de la parroquia, de las finanzas, de los horarios de las Misas y otras obligaciones semejantes. También era el capellán de la Sociedad del Santo Nombre y de la Sociedad del Altar.

10   Durante el transcurso de la semana en la parroquia de San León, había algunas reuniones de los feligreses. Los miembros de las organizaciones parroquiales preferían reunirse durante el día o los fines de semana. Ocasionalmente se reunían por las noches, usualmente para practicar sus devociones.

11   Los sacerdotes programaban citas durante las horas de la tarde para ayudar a las parejas en su preparación al matrimonio o para aconsejar a la gente. Era raro que más de un sacerdote tuviera que atender una reunión por la noche durante la semana.

12   La parroquia tenía pocos empleados a sueldo. Estaba el conserje quien limpiaba la iglesia y el salón parroquial, y con frecuencia se hacía cargo de la escuela. Un ama de llaves vivía en la rectoría y se hacía cargo de todas las necesidades de los sacerdotes. Una secretaria en la parroquia se hacía cargo del teléfono, de la puerta y de todos los trabajos que surgieran, como imprimir en el mimeógrafo el boletín del domingo los viernes por la mañana.

13   San León, como la mayoría de las parroquias, tenía un director del coro y un organista a medio tiempo, los cuales recibían un modesto estipendio por su trabajo. La Sociedad del Altar se hacía cargo del santuario, la sacristía, los ornamentos y los lienzos sagrados,—todos eran voluntarios.

14   Las necesidades espirituales de los feligreses eran bastante rutinarias. Ellos asistían fielmente los domingos a Misa y se confesaban al menos una vez al mes. Algunos asistían a las devociones durante la noche. Muchos enviaban a sus hijos a la escuela parroquial, mientras la mayoría de los que apoyaban económicamente a la parroquia, tenían poca participación en la vida ordinaria de la parroquia durante el transcurso de la semana. La parroquia estaba allí cuando se necesitaba,—Bautismo, Primera Comunión, Confirmación, Matrimonio y Misas de funeral,—y los sacerdotes respondían

a todas las emergencias normales de una familia: enfermedades, accidentes o la muerte misma.

Como todas las Misas y los sacramentos eran celebrados en Latín, el aspecto étnico de la parroquia no hacía mucha diferencia. San León tenía feligreses de varios grupos étnicos y culturales, pero la mayoría hablaba Inglés. Los sacerdotes asumían que la gran mayoría en la parroquia hablaba suficientemente Inglés. Por otra parte, el sermón de los sacerdotes era, para todas las intenciones y propósitos, el único Inglés que se hablaba durante la Misa. El sermón tomaba la forma de una exhortación moral, sazonado con recordatorios de los requerimientos y de los deberes propios en la Iglesia y en la vida civil. Raramente el sermón estaba relacionado con la epístola, el Evangelio o con una explicación de las Escrituras, las cuales recibían muy poca atención en comparación con la que recibía el corazón y el alma de la Misa—el momento de la consagración.

De igual manera, la descripción anterior se afirmaría de la mayoría de las parroquias en la Arquidiócesis de Los Ángeles. En aquel tiempo, San León podría describirse como una parroquia buena y activa de la Arquidiócesis, y en esto casi todos estarían de acuerdo. La vida pastoral de la parroquia era sencilla y bastante rutinaria, y las necesidades espirituales de los feligreses se satisfacían de acuerdo con el horario de los servicios ofrecidos.

San León, Los Ángeles, 2005

En 1955, los feligreses de San León difícilmente reconocerían su parroquia en el año 2005. San León permanece como la típica parroquia, —típica para una Arquidiócesis con más de 6 millones de Católicos. Se estima que el número de Católicos continuará creciendo al menos un millón cada cinco años en el futuro próximo. La población Católica en la Arquidiócesis tiene una riqueza multicultural realmente diversa. Cada domingo, la Eucaristía es celebrada en más de cincuenta idiomas en las parroquias por todo el Sur de California. Sin embargo, actualmente hay un gran número de feligreses cuyo origen es Europeo; además, hay un gran número de feligreses de Asia y África, mientras que la mayoría tienen sus raíces en México y América Latina, y un inmenso número de nuestra población es inmigrante y pobre. En medio de estas circunstancias cambiantes, San León del 2005 se considera como una comunidad de fe vibrante, impulsada por el Espíritu para evangelizar y llegar a ser luz de las naciones en palabra y obra.

18   Basados en la riqueza de la Tradición Católica, la comunidad de San León está consciente de que no puede retroceder a los días anteriores al Concilio Vaticano Segundo, cuando había una gran cantidad de sacerdotes, de Hermanas y Hermanos religiosos, y cuando el papel de los ministros laicos parecía innecesario y era inadecuadamente reconocido. En San León, hay una fuerte comprensión del llamado bautismal y una consciencia profunda y creciente de que todos en la parroquia son responsables,—en diferentes grados y sentidos—, para ser y construir el Cuerpo de Cristo en su tiempo y lugar. Su visión para el futuro de San León es recordada por la visión del profeta Isaías:

> *Ustedes serán llamados sacerdotes del Señor,*
> *y los nombrarán ministros de nuestro Dios.*
> (Isaías 61:6)

19   En la iglesia de San León se entiende que los sacerdotes y diáconos permanentes, los religiosos y religiosas y los fieles bautizados, participan del sacerdocio de Jesucristo, cada quien de acuerdo a sus propios dones recibidos en el Bautismo, fortalecidos en la Confirmación, y alimentado semana tras semana, o más aún, día tras día, en la Eucaristía.

20   San León tiene actualmente cerca de cinco mil jefes de hogares católicos. En los últimos siete años muchas familias que hablan inglés se han mudado de la parroquia. El censo actual de la parroquia indica una constante expansión de la población Hispana y Asiática. En una encuesta reciente, muchos de los antiguos feligreses expresaron su disconformidad ante la posibilidad de reducir de dos a una el número de las Misas en Inglés. Algunos amenazaron con dejar la parroquia e irse a otra.

San León actualmente es atendida por un párroco, un laico 21
asociado pastoral que es una mujer casada con dos hijos jóvenes,
un diácono permanente, y un personal numeroso de laicos, algunos de los cuales trabajan a tiempo completo, otros a medio tiempo,
y otros son voluntarios. Hay un administrador de empresas que
maneja los asuntos temporales de la parroquia: la oficina parroquial, la contabilidad, ordena los accesorios de oficina, cuida que
las instalaciones de la parroquia estén funcionando eficientemente.
El párroco habla Español e Inglés. El diácono es un viudo de más
de 60 años y padre de cuatro hijos adultos. Habla Español y batalla
con el Inglés. El pastor asociado no habla Español, pero se comuni-
ca bien con los feligreses Vietnamitas. El párroco preside la mayoría de las celebraciones litúrgicas en Inglés y Español, y agradece
cuando un sacerdote de otra de las parroquias de la Región Pastoral
le ayuda de vez en cuando. Un sacerdote "suplente" los visita para
ayudarle con las misas en Vietnamés y otro en Coreano.

La participación en las Misas del sábado es muy buena. Una 22
cualidad particular en la parroquia es la predicación en la Misa,
especialmente cuando el diácono aplica el Evangelio con los compromisos del Matrimonio y de la vida familiar. El director de liturgia es un miembro asalariado del personal y trabaja a tiempo
completo. Ella hace un admirable trabajo coordinando las diferentes celebraciones litúrgicas de San León, planeando la música
apropiada para cada ocasión y trabajando con los diferentes sacerdotes que vienen a presidir la Misa a la parroquia, de igual manera
con los otros ministros laicos envueltos en las diferentes celebraciones litúrgicas. Las Misas de la mañana se celebran los lunes, miércoles y viernes. Se invita a los feligreses a que asistan a Misa los
martes, jueves y sábados a las parroquias vecinas.

Con mayor frecuencia, el diácono preside las bodas en San 23
León. Continuamente dos o tres parejas contraen matrimonio en
la misma ceremonia nupcial fuera de la Misa. Usualmente, el Bautismo de los niños tiene lugar dentro del horario regular de las misas
dominicales. Las celebraciones de los funerales son oficiadas frecuentemente en el horario regular de las Misas durante la semana.

24   La escuela de San León continúa luchando financieramente. No es necesario atraer estudiantes. Cada año el número de solicitantes excede su capacidad. Aunque la mayoría de los estudiantes en San León son Católicos, algunos no lo son. Hay una Hermana en la escuela y el director es un hombre joven soltero. Los maestros laicos y el personal en San León podrían obtener buenos salarios como empleados del sistema escolar público, pero ellos están comprometidos con San León, con sus estudiantes y con su misión.

25   La mayoría de los niños Católicos de la parroquia de San León asisten a las escuelas públicas y reciben su educación religiosa a través de los diferentes programas de catequesis en la parroquia, la cual inscribe cinco veces más que el número de estudiantes de la escuela parroquial. La directora del programa de Educación Religiosa es un miembro de la parroquia que trabaja a tiempo completo, pero al mismo tiempo ayuda a las parroquias vecinas. Su trabajo la mantiene fuera de su casa la mayoría de las noches ya que el programa de la catequesis debe organizarse de acuerdo a los horarios de las escuelas de los estudiantes. También los programas catequéticos deben desarrollarse de acuerdo a las diferentes lenguas habladas por los estudiantes y sus padres. Una de las esperanzas del párroco y de su equipo, es que los padres tomen más responsabilidad en la educación religiosa de sus hijos, fomentando más la catequesis en el hogar y menos la educación religiosa centrada en la parroquia. Todo el personal está consciente de que esto les está invitando a hacer cambios en la mentalidad de un gran número de padres, así como incrementar su deseo de ser instruidos, con el propósito de educar a sus hijos en la fe.

26   Cada día y la mayoría de las noches de la semana hay alguna actividad en San León. El Consejo Pastoral se reúne los martes primeros de cada mes. Durante algunas de las reuniones del Consejo, puede haber un diálogo sobre la necesidad de voluntarios de la parroquia que patrocinen la despensa o por la necesidad de un acercamiento más frecuente hacia los ancianos y las personas encerradas de la parroquia, o para encontrar formas más creativas de recaudar fondos para los diversos programas de la parroquia. Las clases de preparación al Matrimonio también se llevan a cabo

los martes por las noches. Ellas están coordinadas y conducidas por tres matrimonios de la parroquia, una pareja por cada uno de los grupos más numerosos en la parroquia. Los miércoles por la noche hay clases de formación en la fe para adultos, dirigidas por uno de los seminaristas de la Arquidiócesis que está como residente en otra parroquia en el Decanato al que pertenece San León. Un nuevo grupo se formó en la parroquia y se reúne los jueves por las noches. Conscientes de los diversos grupos religiosos dentro de los límites de la parroquia, este grupo está buscando caminos para dedicarse al diálogo ecuménico e interreligioso como una expresión del compromiso de San León a una Nueva Evangelización. Los viernes por las noches el grupo de jóvenes adultos se reúne en la parroquia a las seis de la tarde y luego deciden a cual restaurante o cine irán juntos. Durante la cena dialogan sobre los puntos fuertes y débiles del programa educativo que han iniciado en la parroquia. En adición a esto, hay pequeños grupos que se reúnen una vez por semana: el grupo de Renovación Carismática, el grupo de Cursillos, y las comunidades de ayuda propia y mutua, inspirados por el programa de los Doce Pasos.

El párroco, la asociada pastoral y el diácono, comparten la supervisión de los diversos grupos y actividades de la parroquia. El párroco trata de estar presente lo más posible en la mayoría de las reuniones por las noches. Cuando no le es posible, le pide al diácono o a la asociada pastoral que lo suplan. Además de los numerosos compromisos parroquiales programados, su día común debe incluir también una Misa de funeral, una visita al hospital para ungir a un paciente gravemente enfermo, y una reunión con los otros párrocos del Decanato en la Arquidiócesis. Al final del día, debe hacer otro compromiso que lo lleva fuera de la parroquia. Él se apoya fuertemente en los miembros del personal de la parroquia, especialmente en la asociada pastoral y el diácono. Sin ellos, él tendría sólo una pequeña oportunidad para descansar y recuperarse cada semana. Él está consciente de la necesidad de la formación continua de sí mismo y de todos los miembros del personal, y de buscar formas creativas para hacer esto posible. Como párroco comprende que es su deber aprovechar las muchas oportunidades que se ofrecen dentro

27

de la Arquidiócesis para desarrollar sus capacidades como ministro de Cristo y su Iglesia, y anima a otros del personal, y al resto de la comunidad de la parroquia a hacer también lo mismo.

28   Dado que San León se considera a sí misma como una comunidad católica evangelizadora, la Palabra de Dios en las Escrituras es central en su vida, en la oración y en el ministerio. Las lecturas del domingo siguiente se reflexionan en todos los grupos y las reuniones de la parroquia, igualmente en las veinticinco pequeñas comunidades cristianas esparcidas a través de las calles que forman a San León. Ciertamente la gente de San León ha llegado a pensar de sí mismos que son una comunidad de comunidades. Estas pequeñas comunidades, o grupos eclesiales, son de tal tamaño que permiten el desarrollo de las relaciones humanas, enraizadas en una visión compartida y en los propósitos y valores que tienen en común. Ellas también permiten una creciente experiencia de compartir la fe y la oración.

29   El párroco, la asociada pastoral, el diácono y los otros miembros del personal, se reúnen por rotación los lunes por las noches con cada uno de los siguientes grupos: catequistas, maestros, líderes de los pequeños grupos y animadores de los diversos ministerios e iniciativas dentro de la parroquia. Su enfoque es menor en los programas y organizaciones, y mayor en las comunidades y en los ministerios como la alimentación de los pobres de la parroquia y de otras partes, la visita a las personas encerradas, la preparación de las parejas al Matrimonio, a trabajar con los equipos del programa del RICA para asegurar su iniciación sacramental en la Iglesia, y organizando círculos de catequistas dedicados a la educación religiosa de los niños, de adolescentes y adultos. Se les invita a reflexionar en sus vidas y en la vida de la parroquia de San León a la luz de las lecturas del domingo, para discernir cómo la Palabra los está llamando a una transformación personal, para lograr así la transformación de la Iglesia y de todo el mundo. En esto el párroco juega un papel importante, ya que desde el lunes en la reunión de la reflexión de las Escrituras en la que él proclama y predica la Palabra de tal manera que invita a los líderes de la parroquia a ser maestros y ejemplos de la Palabra en sus propias comunidades a través del

ejercicio de sus diferentes ministerios durante la semana. Es aquí, durante la reunión del lunes por la noche, que comienza la preparación de la Oración de los Fieles de la liturgia del domingo. Cuando los miembros de la comunidad se reúnen en la fe en torno a la Palabra con su párroco, ellos pueden escucharse mutuamente y comienzan a expresar en voz alta las necesidades de la parroquia, del vecindario, y de toda la Iglesia y el mundo. Es también durante la reunión del lunes que el párroco y el diácono comienzan a beneficiarse de la sabiduría de la comunidad, escuchando sus preocupaciones y sus intuiciones, llevándolos a traer consigo la preparación de la homilía del domingo.

El estudio de la Escritura y el compartimiento de la fe se realiza durante la semana en los diversos grupos por toda la parroquia y esto fortalece la identidad de San León como una comunión de comunidades. Así, la gente convocada a reunirse por la Palabra, viene a celebrar la Eucaristía el domingo habiendo reflexionado completamente en las lecturas. Están preparados para la liturgia y más profundamente unidos con los otros miembros de la comunidad, los cuales han sido igualmente purificados por la Palabra durante toda la semana. En San León, los feligreses saben que la participación plena, consciente y activa en la liturgia a la que están llamados por el Concilio Vaticano Segundo (*Sacrosanctum Concilium* 14), no es posible a menos que haya una participación plena, consciente y activa en la vida de la comunidad. 30

Las actividades de la parroquia y su vida litúrgica, fortalecen el sentido del llamado a través del Bautismo a compartir la misión de Cristo y del Espíritu. La reunión dominical para celebrar la Eucaristía, es entendida como la fuente y la cima de la vida parroquial, pero eso no es todo. La iglesia parroquial ya no es vista como el lugar donde la gente va simplemente a satisfacer sus necesidades, sino que la parroquia es donde se reta a todos y cada uno a ejercer su llamado bautismal. El párroco ya no se ve a sí mismo como el único llamado a satisfacer todas las necesidades de la gente, sino como alguien que anima a la gente de la parroquia a poner sus dones al servicio de los demás en toda la Iglesia y el mundo. El párroco preside la comunidad de fe, la reúne, la llama a la unidad y a 31 la caridad, guía su vida y anima su misión. Esto lo hace principalmente en la celebración de la Eucaristía con su comunidad. En San León lo que es el párroco y lo que hace, sólo puede ser entendido en términos de su relación con su comunidad, es decir, su Iglesia, el Cuerpo de Cristo. No solamente los ordenados, sino la totalidad de la comunidad, está llamada a compartir la misión de Cristo y del Espíritu, y a dar testimonio de la presencia de Cristo y de la actividad creativa del Espíritu en la Iglesia y en el mundo.

32   Semana tras semana, la comunidad de San León se reúne para recibir la Palabra y el sacramento. El Leccionario dominical es el texto principal para la vida espiritual de la comunidad y de su párroco, así como la Eucaristía es su principal fuente de alimento espiritual. Como su conocimiento de la Escritura se ha profundizado, ellos se han visto a sí mismos como en el Evangelio, cuando se relata a Jesús y sus Apóstoles ante una multitud hambrienta. En Marcos 6:34–44, los apóstoles están preocupados por cómo van a alimentar a la multitud. Jesús les dice: "Denles ustedes algo de comer". El párroco en San León busca discernir, llama, anima, y envía a los feligreses para satisfacer las necesidades de la gente. Jesús no alimenta personalmente a la multitud hambrienta, pero impulsa a aquellos que están cerca de hacerlo; y es también Jesús quien hace posible la alimentación por la multiplicación de los panes y peces. En San León, el párroco no es quien lo hace todo, pero es quien está comprometido a animar los dones bautismales para el servicio de los demás. Como Andrés, en el relato de Juan sobre la multiplicación de los panes y peces (6:1–14), el párroco está al pendiente de lo que sucede en la comunidad, y eso lo presenta al Señor, así el Señor podrá mostrar ahora cómo eso será suficiente y le dará crecimiento para la vida de toda la Iglesia.

33   De igual manera, la descripción anterior se afirmaría de la mayoría de las parroquias en la Arquidiócesis de Los Ángeles en el 2005. San León podría ser descrita como una parroquia buena y activa de la Arquidiócesis, y en esto casi todos estarían de acuerdo. La vida pastoral de San León, Los Ángeles, 2005, no es ni sencilla ni rutinaria, y las necesidades espirituales de los feligreses no podrían satisfacerse por el horario de servicios ofrecidos en 1955, o aun en el año 2000.

Segunda parte

El lugar donde estamos: juntos en el camino

Las dos imágenes de la iglesia de San León en Los Ángeles, nos   *34*
dan una idea de los grandes cambios que han tomado lugar en la
vida de la Iglesia y en sus ministerios durante las décadas recientes.
El retrato de San León, 2005, "señala" la realidad que nos espera en
estos tiempos en la Arquidiócesis de Los Ángeles. Sin embargo, lo
más importante, es que eso expresa lo que yo creo que los sacerdotes, la gente y las parroquias de esta Arquidiócesis están llamados
a ser en los próximos años de este nuevo milenio.

Conscientes de los múltiples cambios que afectan la vida de   *35*
la Iglesia, los sacerdotes de la Arquidiócesis de Los Ángeles se
reunieron en la asamblea en Palm Springs, California, en octubre
de 1997, junto con el Arzobispo y los cinco Obispos regionales.
Nuestro propósito fue explorar juntos la naturaleza del sacerdocio
ordenado a la luz de los retos que debemos enfrentar en la Iglesia de
hoy, así como en la Iglesia del mañana. Durante nuestra reunión,
uno de los temas fue Jesús lavando los pies a sus discípulos (Juan
13), como modelo para el ministerio sacerdotal. Al reflexionar en
nuestras vidas y en nuestro trabajo, nuestras alegrías y luchas, la
mayoría de los sacerdotes expresaron un gran sentimiento de satisfacción, y verdadero entusiasmo en su ministerio sacerdotal. Algunos compartieron un testimonio personal inolvidable, de las
alegrías y luchas que ellos han experimentado en su ministerio
sacerdotal. Mientras que la imagen del sacerdote parece ser modi-
ficada en maneras muy significativas, y las expectativas puestas en
los ordenados parecen crecer, cuando todo está dicho y hecho, los

sacerdotes en la Arquidiócesis de Los Ángeles están igualmente felices en su vocación siendo ministros de Cristo y de su Iglesia.

36   Sin embargo permanecen ciertas tensiones. Mientras los sacerdotes están de acuerdo en que una parte central de su vocación se vincula al liderazgo pastoral, muchos ven las responsabilidades administrativas como un obstáculo, más que una ayuda para el pleno florecimiento de su ministerio. En general, los sacerdotes desean menos la administración o nada de ella; ellos la ven como fuera del objetivo del trabajo sacerdotal y del ministerio. ¿Cuál es entonces la relación entre el liderazgo pastoral y la administración? Al buscar los sacerdotes una nueva comprensión del ministerio, con menos énfasis en la administración pastoral, ¿qué responsabilidades deben ellos poner a un lado para un mejor y fructífero ejercicio de su ministerio? Algunas tensiones adicionales permanecen: mientras muchos sacerdotes afirman estar felices y realizados en su ministerio, ellos muestran muy poco de su entusiasmo en la promoción de las vocaciones sacerdotales.

37   El ambiente de la Asamblea fue sobrio y realista, al mismo tiempo que fue positivo y esperanzador. Mientras el número de los sacerdotes declina y el promedio de la edad aumenta, el número de Católicos en la Arquidiócesis se incrementa y los dones de los fieles laicos han estado floreciendo en números sin precedente y en formas admirables. Había también una aguda consciencia y creciente apreciación del hecho que la Arquidiócesis de Los Ángeles, verdaderamente es una Iglesia multicultural. Durante el desarrollo de la Asamblea de Sacerdotes, se buscaron caminos para reconocer la presencia y el poder del Espíritu Santo. Al mismo tiempo que los sacerdotes de la Arquidiócesis continúan explorando los diferentes significados y modelos del ministerio, hay una consciencia profunda de que así como estamos enfrentando un reducido número de vocaciones sacerdotales y religiosas, estamos siendo invitados a una profunda comprensión de la naturaleza de la vocación cristiana, y a una plena valoración del ministerio de los ordenados y no ordenados. Había y permanece una fuerte convicción que el Espíritu Santo nos está guiando hacia nuevos horizontes.

Dadas estas circunstancias, había un claro reconocimiento   38
que el simple ajuste y pequeños cambios prácticos no bastarían. A
lo que se nos está llamando es a una mayor reorientación en nuestro pensamiento acerca del ministerio así como en nuestra práctica ministerial. Esto requiere de cuatro cosas.

Primero, es necesario reconocer que el ministerio laical, enrai-   39
zado en el sacerdocio de todos los bautizados no es una medida para
tapar un hueco. Aun si los seminarios estuvieran una vez más lle-
nos hasta desbordarse y los conventos repletos de Hermanas, aún
habría la necesidad de cultivar, desarrollar y apoyar el total florecimiento de los ministerios de los que hemos sido testigos en la
Iglesia desde el Concilio Vaticano Segundo. En el despertar del
Concilio hemos llegado a un claro reconocimiento que está en la
naturaleza de la Iglesia ser enriquecidos con muchos dones, y que
esos dones son las bases para las vocaciones al sacerdocio, al dia-
conado y a la vida religiosa, así como a los diferentes ministerios
enraizados en el llamado bautismal.

40   *Segundo,* hay una necesidad urgente de acrecentar la colaboración y la inclusión de ministerios en la Iglesia del nuevo milenio. Mientras que la colaboración es lo que debería distinguir el ministerio, el cual es compartido entre los mismos sacerdotes, así como también entre el Obispo y sus sacerdotes, una de las mayores preocupaciones de los sacerdotes de la Asamblea, fue el desarrollar una comprensión profunda de la colaboración entre los ministerios de los ordenados y no ordenados.

41   *Tercero,* existe la necesidad de una comprensión clara de la naturaleza del ministerio eclesial laico de parte de los bautizados, y de todos los que han recibido el sacramento de las Órdenes Sagradas.

42   *Finalmente,* existe la necesidad de un fundamento teológico común como base para la formación de seminaristas, diáconos, religiosos y personas laicas para el ministerio, igualmente para el desarrollo de más habilidades de colaboración de parte de los ordenados, de tal manera que todos y cada uno puedan ejercer su ministerio en un estilo de colaboración.

43   Durante el transcurso de la Asamblea de sacerdotes, se decidió que los sacerdotes y su Arzobispo escribieran una Carta Pastoral sobre el Ministerio, exponiendo una visión clara de los ministerios, ordenados y no ordenados, e invitando a las comunidades locales a iniciar un plan para el futuro del ministerio en la Arquidiócesis.

44   Luego de la Asamblea de los sacerdotes, los sacerdotes y Obispos se reunieron en el Seminario de San Juan, en Camarillo, durante el mes de junio de 1998 y en junio de 1999. Uno de los propósitos de estas convocaciones de sacerdotes, fue el dialogar aún más sobre los distintos retos que nos esperan mientras nos dirigimos hacia un estilo de ministerio más colaborativo e inclusivo. El diálogo ha continuado dentro de los Decanatos de las cinco Regiones Pastorales de la Arquidiócesis. En el Otoño de 1998, un reporte de la Asamblea de los sacerdotes de 1997 de Palm Springs, titulado *Llamados al ministerio pastoral para la Iglesia del mañana: esperanza para el futuro* que fue publicado en *The Tidings* y *Vida Nueva* (4 de diciembre de 1998) e incluyó un llamado para las opiniones individuales, parroquiales y otras instituciones dentro de la Arquidiócesis sobre el presente y el futuro del ministerio.

El título de esta Carta Pastoral, viene del Evangelio de Juan.   45
Después de lavar los pies a sus discípulos, Jesús les dice a ellos:
Hagan lo mismo que Yo hice con ustedes (Juan 13:15). Esto expresa
la convicción de que todo ministerio en la Iglesia, ordenado y no
ordenado, está arraigado en Cristo el Siervo.

Esta Carta surge en el curso de un diálogo continuo sobre el   46
ministerio en la Iglesia del mañana. Debe interpretarse como una
señal a lo largo del camino, mientras nos movemos juntos a ser y a
construir el Cuerpo de Cristo. Al enunciar esta visión de los ministerios ordenados y no ordenados, invito a toda la Iglesia de Los
Ángeles a pensar y a diseñar los caminos adecuados para enfrentar
las necesidades cambiantes de la Iglesia. Esta Carta Pastoral debe
considerarse como una herramienta, un mecanismo para clarificar
las estructuras ministeriales de la Iglesia local, de tal manera que
sea al mismo tiempo más colaborativa y atenta a la diversidad de
culturas que forman la Arquidiócesis de Los Ángeles. No haremos
menos si permanecemos fieles a nuestra vocación como pueblo
Católico: ser un sacramento de la Nueva Jerusalén, del Reino de
Dios, en nuestro propio tiempo y lugar. El Concilio Vaticano Segundo, nos recuerda en su Constitución Dogmática sobre la Iglesia
(*Lumen Gentium*), que la naturaleza de la Iglesia es el ser luz para
todas las naciones. En respuesta a este don y tarea, se requiere y no
sólo se desea, una clara comprensión de los ministerios ordenados
y no ordenados en este nuevo milenio. A la luz de un nuevo entendimiento, estaremos mejor dispuestos a movernos hacia adelante
preparándonos a la venida del Día del Señor, cuando Cristo sea todo en todos (Colosenses 3:11).

TERCERA PARTE

COMPARTIR DEL ÚNICO SACERDOCIO

47   Ha sido la escasez de vocaciones sacerdotales y religiosas la que ha despertado en nosotros un reconocimiento de la importancia central del ministerio compartido y el darnos cuenta que está en la naturaleza de la Iglesia como el Cuerpo de Cristo, el ser enriquecidos con muchos dones, ministerios y oficios. Lo que algunos se refieren como "crisis vocacional" es, más bien, uno de los muchos frutos del Concilio Vaticano Segundo, un signo del profundo amor de Dios por la Iglesia, y una invitación a una clasificación de los dones y la energía del Cuerpo de Cristo más creativa y efectiva. Este es un tiempo de gran reto y oportunidad en la Iglesia, por razón de que los dones de los fieles laicos han estado floreciendo en números sin precedente y en modos imprevistos.

ORIENTACIONES CONCILIARES

48   Después del Concilio Vaticano Segundo ha habido un redescubrimiento en la Teología Católica del Bautismo como el sacramento fundamental del ministerio, y un reconocimiento claro de que el ministerio no es sólo para los ordenados. El Concilio relaciona el llamado bautismal, el ministerio de los bautizados y el oficio de los ordenados, al misterio de Cristo, y encuentra en cada uno un reflejo del triple oficio de Cristo como Profeta, Sacerdote y Rey. Cada vocación en la Iglesia y cada ministerio está cimentado en la misma realidad de Cristo y en su presencia por el Espíritu en la Iglesia.

La vocación Cristiana está cimentada en la Iglesia como sacramento de Cristo en la comunión del Espíritu Santo. Todo ministerio, sea el ministerio del bautizado o del ordenado, debe ser entendido con relación a la comunidad eclesial, la cual expresa y recibe su identidad como el Cuerpo de Cristo en la Palabra y el Sacramento. Todo ministerio es para el servicio de la Iglesia y de todo el mundo, una participación en el ministerio de Cristo el Siervo quien, después de lavar los pies a sus discípulos les pide a ellos y a nosotros, a cada uno y a todos: *Hagan lo mismo que Yo hice con ustedes* (Juan 13:15).

La Constitución Dogmática sobre la Iglesia del Concilio Vaticano Segundo, *Lumen Gentium,* nos llama a tomar consciencia del único sacerdocio de Cristo en el cual hemos sido iniciados a través del Bautismo. Ambos sacerdocios, ordenado y bautismal comparten de un mismo sacerdocio. El laico como también el ordenado, participan en el triple oficio de Cristo Profeta, Sacerdote y Rey. Lo que surge del Concilio Vaticano Segundo es una teología clara del laicado fundamentada en la comprensión de la Iglesia como el Pueblo de Dios, en la llamada universal a la santidad, y en un reconocimiento de ambos carismas jerárquico y carismático (*Lumen Gentium* 4). El sacerdocio común de los fieles y el sacerdocio ordenado, aunque diferentes esencialmente, se ordenan sin embargo, el uno al otro (*Lumen Gentium* 10) generalmente es claro que a través del Bautismo, la Confirmación y la participación de la Eucaristía, las personas laicas comparten la misión salvadora de la Iglesia. Así con el Concilio Vaticano Segundo, hay una restauración de la dignidad bautismal de los laicos, un resurgimiento del reconocimiento del Bautismo como la base y el fundamento de todo ministerio, y una comprensión plena de que el ministerio no es ejercido sólo por los ordenados. El ministerio está fundamentado en los carismas dados por el Espíritu en el Bautismo:

Hay diversidad de carismas, pero el Espíritu es el mismo; diversidad
de ministerios, pero el Señor es el mismo; diversidad de operaciones,
pero es el mismo Dios que obra todo en todos. A cada cual se le otorga
la manifestación del Espíritu para provecho común.
(1 Corintios 12:4–7)

UN SACERDOCIO BAUTISMAL:
UNA ABUNDANCIA DE DONES

50 Basados en los dones del Espíritu conferidos en el Bautismo, ambos ministerios ordenado y no ordenado, son una participación en la unción de Cristo como Profeta, Sacerdote y Rey en las aguas del Jordán (Mateo 3:13–17; Marcos 1:9–11; Lucas 3:21–22; Juan 1:29–34). Bautizado por las manos de Juan el Bautista, Jesús, el Cristo, es impulsado por el espíritu al desierto para ser *testigo* de la gloria de Dios Padre. Su vida entera fue entregada en *culto* al Padre a través del *servicio* de su propio sacrificio de amor.

51 Nacidos a la vida en Cristo por medio del Bautismo, la comunidad cristiana es formada en y a través de la Eucaristía (1 Corintios 10:16–17). Llega a ser el Cuerpo de Cristo quien es Sacerdote, y se une a sí misma a Cristo Sacerdote en su regreso al Padre por su ofrecimiento propio, en consecuencia será una comunidad sacerdotal enriquecida con dones florecientes para santificar y evangelizar al mundo (1 Pedro 2:9).

52 Todos los Cristianos son configurados a Cristo a través del Bautismo, por ello es el sacramento por el cual el nuevo Pueblo de Dios es incorporado a la Iglesia, participa en la muerte y resurrección de Cristo, y asume el nombre de "Cristiano". Todos los Cristianos están llamados a la vida del discipulado y tienen la obligación de extender la obra de Cristo y su presencia en el mundo de hoy adelantando el Reino de Dios en este tiempo y lugar. Todos compartimos la misma vocación,—ser y formar el Cuerpo de Cristo, construyendo el Reino de Dios aquí y ahora.

53 Es en la Iglesia, en este tiempo y en este lugar, que la presencia de Cristo,—el único que testificamos, damos culto, y sobre todo, servimos—, continúa. Y es a través del *testimonio, culto y el servicio* que la Iglesia continuamente expresa y recibe su identidad como Cuerpo de Cristo.

54 Los bautizados están llamados a compartir la misión de la Iglesia a través del servicio mutuo (*diakonía*), a través de la vida de culto (*leitourgia/koinonia*), y a través del testimonio (*marturia*) del Evangelio por la santidad de vida. Estas son las características del

Cristiano vivo. La manera y el grado del compromiso en esta llamada común son distintos, dependiendo de los dones y ministerios conferidos por el Espíritu: *Él mismo 'dio' a unos el ser apóstoles; a otros, profetas; a otros, evangelizadores; a otros, pastores y maestros* (Efesios 4:11).

La mayoría de los laicos están llamados a transformar el   55
mundo viviendo su vocación bautismal, siendo y llegando a ser el
Cuerpo de Cristo en el mundo, adelantando el Reino de Dios entre
las exigencias urgentes del matrimonio, la familia, la escuela y el
lugar de trabajo.

Los bautizados también *testifican* la luz y el amor de Cristo a   56
través de todas las formas de proclamación profética, a través de la
enseñanza, del ministerio de la catequesis, de la reflexión teológica
por medio de la cual ellos buscan demostrar las riquezas de la Palabra y de la Tradición Cristiana, y por la participación de la misión
evangélica de la Iglesia, siendo en algunas ocasiones enviados
desde su hogar y país a otras tierras como heraldos y siervos de la
buena nueva.

Los bautizados dan *culto* a Dios en Espíritu y en verdad a tra-   57
vés de una participación plena, consciente y activa en la liturgia
dominical, por la proclamación de la Palabra en palabras y en
hechos, por medio de los ministerios litúrgicos de lector, música o
ministro de la comunión, y a través de muchos otros ministerios
los cuales sirven para animar la comunidad reunida para orar.

Los bautizados sirven a Dios a través de la administración,   58
alimentando al hambriento, haciéndose cargo de las necesidades
de los enfermos, trabajando por la justicia, lavando los pies a los
que no tienen hogar, salvaguardando y protegiendo los derechos
de los últimos, los más pequeños, y los más pobres de los pobres,
dando el Cuerpo y la Sangre de Cristo a aquellos que se reúnen en
la mesa del Señor, y llevando esta Sagrada Comunión a aquéllos
que están enfermos en su casa o en el hospital. De todas esas y más
formas, los dones del pueblo Cristiano para el testimonio, la alabanza y el servicio están siendo compartidos para la gloria de Dios
en una comunidad de fe, esperanza y amor cuyos miembros forman juntos una doxología viviente, —viva para la alabanza y

gloria de Dios Padre, por Cristo la Palabra, en el Espíritu de Amor creativo y unificador por quien el mundo es transformado.

59   En estos días, además del llamado al oficio de Obispo, presbítero o diácono, y la vocación de la vida religiosa consagrada, algunas personas laicas están llamadas a los "ministerios eclesiales laicales", una vocación de servicio a la Iglesia a tiempo completo, en respuesta a las necesidades de cada comunidad local. Esto debe distinguirse de la vocación de todos los bautizados de adelantar el Reino de Dios a través de sus compromisos en el matrimonio y la familia, los lugares del trabajo y las responsabilidades sociales. También debe distinguirse de muchos otros ministerios laicales que florecen en la Iglesia para la construcción de ella misma y la transformación del mundo. Dentro del contexto del común llamado al servicio, el cual ha sido dado a todos los bautizados, el "ministerio eclesial laical" se refiere a una formación profesional, o a hombres y mujeres adecuadamente preparados, incluyendo religiosos con votos, que están en los cargos de servicio y liderazgo en la Iglesia

60   Esta es una vocación única en la Iglesia, un llamado al servicio *en el nombre de la Iglesia*. El "ministerio eclesial laical" no describe una clase de servicio o trabajo, sino que se refiere a los ministerios de personas comprometidas, mujeres y hombres, casados o solteros, que lo están ejerciendo de manera estable, pública, reconocida y autorizada. Este es el ministerio de la Iglesia en sentido estricto y formal. Surge del llamado personal, requiere una formación apropiada, y es emprendido con el apoyo y la autoridad competente de la Iglesia. Los ministerios eclesiales laicales sirven en tales oficios como Asociado Pastoral, Administrador de los Asuntos Parroquiales, Director de Educación Religiosa, Catequista, Director del RICA, Ministerio de Jóvenes/Jóvenes adultos o Coordinador de la Liturgia. La vocación al ministerio eclesial laical nos llama en la Iglesia de hoy, a una mayor atención y apoyo, a través del reconocimiento público y autorización dentro de la comunidad eclesial particular, igualmente si reconocemos el inestimable valor de la vocación fundamental del bautizado, de la cual surgen las vocaciones al ministerio ordenado y a la vida religiosa, como también al Matrimonio y a la vida célibe comprometida.

Cualquiera que sea la vocación o ministerio, ordenado o no ordenado, todos y cada uno son una expresión de la triple misión de cada cristiano bautizado. Lo que la Iglesia es—un Cuerpo de *testimonio*, de *culto*, y *servicio*, participante en el triple oficio de Cristo que es *Profeta, Sacerdote* y *Rey*—es lo que cada uno de nosotros está llamado a ser. Esto lo hacemos de acuerdo a los dones y los carismas que hemos recibido desde el Bautismo. Estos varían. Pero sea lo que hagamos, lo hacemos en el nombre del Señor en el poder del Espíritu para la construcción del Cuerpo de Cristo y la transformación del mundo entero. 61

La identidad sacerdotal sólo puede discernirse dentro del contexto de las relaciones sacerdotales—con Cristo, con el pueblo sacerdotal de Dios, con el Obispo y con los demás sacerdotes—. El propósito de la ordenación sacerdotal es un llamado y servicio al sacerdocio de toda la Iglesia, el Cuerpo entero. La ordenación sacerdotal no es sólo un ministerio para la Iglesia en nombre de Cristo, sino que es también un ministerio hecho con el pueblo sacerdotal (*Lumen Gentium* 10). Aunque la noción del sacerdocio de la comunidad es más antigua que el concepto del sacerdocio ministerial ordenado (1 Pedro 2:5–9), la Iglesia desde el inicio reconocía el ministerio consagrado de aquellos que eran llamados únicamente al servicio del pueblo sacerdotal de Dios. 62

El sacerdote se conecta con el sacerdocio de los fieles y representa el sacerdocio de Cristo al pueblo sacerdotal. Eso es lo que hace el sacerdote, principalmente por medio de la preparación del Pueblo de Dios para celebrar la Eucaristía y presidirla durante la celebración Eucarística. El sacerdote también hace eso como alguien cuya vida por un carácter sacramental único y permanente, es ordenada a orar, a dar testimonio, y a servir en el nombre de y a favor de toda la Iglesia. 63

El sacerdote como signo de la comunión eclesial

64   A la luz de las cambiantes percepciones de la naturaleza del ministerio, algunas veces los sacerdotes se preguntan sobre las distinciones del ministerio ordenado. Esto invita a una clara articulación de la identidad del sacerdote. Precisamente, ¿qué es lo que el sacerdote ordenado debe ser y hacer?

65   La esencia de la ordenación sacerdotal está en ser un colaborador con el(los) Obispo(s) para asistir en el triple oficio de enseñar, santificar y guiar. Los sacerdotes son colaboradores del Obispo. El sacerdote construye la Iglesia comprometiéndose en el triple ministerio de la predicación de la Palabra, la celebración del culto divino que está cimentada en su ordenación sacramental y la guía de los fieles. Pero el ministerio de los sacerdotes ordenados de enseñar, santificar y guiar, está también unida a la misión fundamental del bautizado, de ser testigo, dar culto y servir. Así como es el del obispo. Por su enseñanza, el sacerdote ilumina, anima, y a veces corrige al fiel bautizado, mientras ellos se esfuerzan en dar testimonio (*marturia*) del Evangelio en medio de una cultura realmente indiferente y en ocasiones hostil a sus valores. El sacerdote ordenado santifica al bautizado por la predicación de la Palabra (porque Cristo está presente cuando la Palabra es proclamada y predicada), al dirigir la oración (porque Cristo está siempre presente cada vez que dos o tres se reúnen fielmente en su nombre) y por la celebración de los sacramentos (porque Cristo está presente en cada sacramento, sobre todo, en la Eucaristía, la fuente y la cumbre del culto Cristiano). Todo esto lo hace mejor cuando él se considera primero a sí mismo como un miembro del pueblo santo de Dios reunido para el culto (*leitourgia/koinonia*). El ministro ordenado guía estableciendo, cultivando y sosteniendo modelos de relaciones basadas en la igualdad, interdependencia y servicio mutuo (*diakonía*), invitando y coordinando los dones de todos los bautizados

66   Para entender apropiadamente el ministerio del sacerdote ordenado, lo que debemos enfatizar es el don de presidir en la vida

de la comunidad y su oración. El sacerdote debe saber cómo evangelizar, catequizar, predicar, orar, celebrar, discernir, pero sobre todo, debe saber cómo reunir a todos los bautizados, unidos en la comunión y el servicio mutuo.

La vida sacramental de la Iglesia está centrada en la Eucaristía, cuya celebración refleja los abundantes dones y funciones ejercidas en la comunidad eclesial. El sacerdote ordenado ejerce su ministerio convocando a los fieles a la celebración, afirmando así su llamado bautismal, y centrando la vida de la comunidad alrededor de Cristo en memoria y en esperanza, por el don del único Espíritu concedido a todos los bautizados. 67

Por su participación en el triple oficio de Cristo Profeta, Sacerdote y Rey, el sacerdote ordenado proyecta en su persona la revelación de Cristo en y para la Iglesia. Así como el ordenado representa a toda la comunidad de fe, de esperanza y amor, así también los miembros del Cuerpo de Cristo deben reconocerse a sí mismos en el ministerio del ordenado, en el ministerio episcopal de enseñar, santificar y guíar; en el ministerio del sacerdote como testigo de la Palabra, en la santificación a través de la celebración sacramental, y en el ejercicio del liderazgo pastoral. 68

Los diáconos sirven a la Iglesia asistiendo a los Obispos y sacerdotes. Por la ordenación, los diáconos participan en el sacramento de las Órdenes Sagradas, pero no participan del mismo sacerdocio ministerial (*Lumen Gentium* 29). No obstante, ellos expresan de la manera más visible, el carácter de la Iglesia como servidora. La *diakonía* es tan central a la vida de la Iglesia de tal manera que es realizada y sacramentada en la ordenación diaconal. El diácono permanente significa en su persona el carisma singular, carisma de servicio en y para la Iglesia. 69

Desde sus orígenes, la ordenación sacramental ha servido con el propósito de construir y presidir en la Iglesia. Nuestro entendimiento del sacerdocio ordenado ha cambiado y aún sigue cambiando. Pero ciertos términos claves se han usado a través del tiempo para señalar el papel sacerdotal. 70

El término *in persona Christi* (en la persona de Cristo), se ha utilizado para mostrar que realmente es Cristo quien actúa en la 71

Eucaristía y en los sacramentos. Ningún poder personal o don de santidad de parte del ministro puede asegurar eso, aunque los dones del sacerdote sean puestos al servicio de Cristo y del Espíritu para incluir un testigo digno de la acción sacramental. El sacerdote nunca podrá presentarse como un sustituto de Cristo, ni representar jamás todo lo que verdaderamente es Cristo.

72   El término *in persona Christi capitis* (en la persona de Cristo cabeza) se ha usado para indicar que el sacerdote actúa en la persona de la Iglesia y de Cristo, la cabeza de la Iglesia. Afirmando que el sacerdote actúa *in persona Christi capitis* relaciona el ministerio sacerdotal con todo el Cuerpo, cabeza y miembros, y enfatiza el papel colaborador del sacerdote, la necesidad de trabajar con otros ministerios, y la necesidad de llevar hacia la unidad del Evangelio y de la comunidad Eclesial, todos los dones y ministerios que vienen de Cristo y de su Espíritu. El sacerdote, como cabeza de la comunidad, se dirige a ella con palabras retadoras, ejercita el ministerio pastoral de vigilancia y dirección de los carismas de la comunidad, y preside sacramentalmente como el instrumento de la acción de Cristo en los sacramentos. Como cabeza, el ministro ordenado está en la Iglesia, no sobre la Iglesia, o aparte de la Iglesia. La Iglesia es el sujeto primario de la actividad litúrgica y sacramental. La Iglesia entera celebra los sacramentos—cabeza y miembros.

73   El término *pastor* ha sido usado para expresar la relación del *sacerdote* hacia Cristo y los fieles. El término sacerdote se ha utilizado para acentuar la realidad de la Eucaristía en la vida de la Iglesia y en el ministerio del ordenado.

74   Los modelos de ministerio continúan cambiando, y en los tiempos de cambios rápidos como los nuestros, se necesita un gran discernimiento. A la luz de los abundantes dones y retos que nos llaman a reformular nuestras estructuras ministeriales, el sacerdote puede ser mejor entendido como *signo de comunión eclesial.* Por la ordenación sacramental, el sacerdote significa la *unidad,* la *apostolicidad,* y la *catolicidad* de la Iglesia, el Cuerpo de Cristo, todo el Pueblo de Dios,—cabeza y miembros.

75   Cuando estamos reunidos por la Palabra y el Sacramento en la Mesa del Señor como el *único* Cuerpo de Cristo, estamos ante

la presencia real de la Iglesia *apostólica* aquí y ahora. El sacerdote como colaborador con el Obispo, busca preservar la comunión dentro de las asambleas Eucarísticas y entre y con las Iglesias locales y todas las Iglesias de la fe apostólica *a través del mundo*. Estamos unidos a nuestras raíces cuando el Pueblo de Dios se reúne fielmente en la Eucaristía con el Obispo y con sus sacerdotes y otros ministros. El Espíritu evoca a la Iglesia apostólica no llevándonos al pasado, sino que uniendo el pasado con el presente de esta comunidad, y avivando los carismas y habilitando su completo florecimiento, de la misma manera que marcó las primeras reuniones de la Iglesia en oración.

Un futuro lleno de esperanza

La Iglesia en este momento debe estar relacionada con los discípulos en el camino de Emaús (Lucas 24:14ss). Como ellos, continuamos hablando unos con otros acerca de todo lo que Dios ha estado haciendo entre nosotros. Como ellos, estamos en el camino, *in via*, en medio de un viaje, y, como ellos, muchas de nuestras expectativas han sido inciertas. Al ser perturbadas nuestras firmes expectativas, el don de la presencia del Señor, el poder del Espíritu, está para que lo recibamos, y el Señor está en medio de nosotros, no menos que en el camino de Emaús,—como compañero en el viaje, como maestro, como guía, y especialmente en la bendición y la fracción del pan eucarístico. 76

A través de los continentes, el ministerio ha sido despertado en la Iglesia por el Concilio Vaticano Segundo y sus desarrollos subsiguientes. Ahora vemos con más claridad que la Iglesia está enriquecida con muchos dones, ministerios y oficios. Hoy reconocemos más claramente el papel del laicado y los requerimientos para ejercer el ministerio en un estilo más comunitario y colaborativo. Todo este desarrollo es signo del amor paciente de Dios y de su cuidado por la Iglesia, y todo es una invitación a renovar y profundizar la fe bajo la guía del Espíritu, para agradecer profundamente los dones del Espíritu y por una esperanza siempre creciente en un futuro todavía desconocido. 77

CUARTA PARTE

PLANEANDO PARA EL FUTURO: HACIA UN MINISTERIO COLABORATIVO E INCLUSIVO

El ministerio en este nuevo milenio será más colaborativo y más inclusivo en su ejercicio. El Cuerpo se enriquece con muchos dones. La colaboración auténtica está arraigada en la convicción de que a todos los bautizados se les ha concedido compartir del ministerio sacerdotal de Cristo, y que todos y cada uno son necesarios para el cumplimiento de la misión de la Iglesia. La verdadera colaboración requiere una apreciación de la distinción y diferenciación de las funciones y responsabilidades en el Cuerpo de Cristo, junto con un reconocimiento claro de la igualdad fundamental de todos los bautizados, ordenados y no ordenados. Para que se dé una colaboración efectiva, cada uno debe creer que él o ella tiene algo que ofrecer, y tener suficiente fe en los dones de los demás, para llevarnos a nuestra tarea común. Sobre todo, debemos admitir de que juntos podemos alcanzar algo que solos no podemos alcanzar.

Aunque el ministerio laico es distinto al ministerio del ordenado, también es una participación en el ministerio sacerdotal de Cristo y más propiamente están en su propio derecho. Sólo con esta comprensión es posible la verdadera colaboración entre el ministerio ordenado y no ordenado.

Si estamos yendo hacia delante en la confianza y la esperanza, lo que se requiere, y no simplemente se desea, es planificar los niveles de la vida eclesial y así poder satisfacer las crecientes necesidades de la Iglesia siempre cambiante. Lo que sigue son cuatro ejercicios que serán explorados por los grupos parroquiales, los consejos pastorales y otros grupos dentro de la Arquidiócesis para que busquen caminos estratégicos para satisfacer las necesidades ministeriales de la Iglesia del mañana.

PRIMER EJERCICIO:
VIENDO Y COMPRENDIENDO

El primer ejercicio incluye *ver* las "imágenes" de la vida de la Iglesia, las cuales intentan captar algunos de los retos que serán enfrentados mientras respondemos al don y a la tarea de reformar las estructuras ministeriales en la Arquidiócesis de Los Ángeles. Estas "imágenes" intentan captar algunas de las realidades que deben enfrentarse en la Iglesia en este nuevo milenio. Ustedes pueden seleccionar algunas de estas "imágenes" y examinarlas ampliamente durante una de sus reuniones de grupo. O ustedes pueden enfocarse en varias de ellas durante el transcurso de una serie de reuniones en las cuales tratarán de *comprender* los retos que les esperan y diseñar una estrategia para rehacer las estructuras ministeriales de manera más apropiada. Existe una abundancia de escenarios que pueden ser captados en "imágenes" como algunas que se encuentran a continuación. En el transcurso de ver a estas "imágenes" podrían desarrollar su propia imagen para analizarla más de cerca.

1.   Una Hermana de cincuenta y seis años de edad ha sido la directora de Educación Religiosa en su parroquia por trece años. En el último año, las tensiones entre ella y su párroco han ido creciendo. Estas tensiones han llegado al límite cuando un seminarista de primer año, de treinta años de edad, es asignado para ayudar en la parroquia como parte de su formación del seminario. Él es presentado a la comunidad parroquial durante las Misas del domingo. El párroco está "totalmente lleno de ánimo y entusiasmo" al referirse al seminarista como "la esperanza del futuro de la Iglesia". La Hermana siente resentimiento porque el párroco ha hecho una "gran escena", "exagerando la presencia del seminarista". "El párroco actúa como si los únicos que hacen el ministerio fuesen él y

su 'inexperto' seminarista". Ella protesta diciendo: "yo lo he cubierto a él día tras día. También hacen lo mismo todos los ministros laicos del equipo. Cada uno de nosotros hace más de lo que él hace". La Hermana, una ministra apropiadamente formada, siente que ella es una simple ayudante. Ella no se siente valorada. ¿Tiene usted algún consejo para ella? ¿Para el párroco?

2.   Las funciones del ministerio continúan desenvolviéndose hoy como lo hicieron en el pasado. Si hubiera una transferencia de la autoridad jurisdiccional en la Iglesia del futuro, es concebible que los ministros laicos puedan presidir los servicios funerarios, ser testigos en los matrimonios, y bautizar con cierta frecuencia. Si el sacerdote ordenado es identificado principalmente con lo que hace, esta identidad está potencialmente amenazada con cambios en la actividad. Ya que algunas de las cosas que el sacerdote hace son más y más intercambiables con lo que el pueblo laico hace, esto podría resultar en una crisis de identidad para el ministro ordenado. A la luz de tantos cambios, un sacerdote de sesenta y dos años se acerca a su Obispo con frustración, y articulando sus siguientes preocupaciones:

• ¿Ya que cualquiera puede hacer casi todo en la Iglesia de hoy, por qué alguien querría ser sacerdote?

• Con la afirmación del Concilio Vaticano Segundo, sobre la importancia del laicado, y con la comprensión de que la plenitud del sacramento de las Órdenes Sagradas reside en el(los) Obispo(s), la importancia del sacerdocio se ha perdido en la confusión.

• Presidir Misa y escuchar confesiones, como la "descripción de trabajo" del sacerdote recibirá muy poca atención, por las cargas administrativas del sacerdote en la parroquia, y por la expectativa de que él "impulse al laicado".

• Mi "descripción de trabajo" ha cambiado mucho. Tengo miedo de que seré incapaz de negociar aún más cambios que vendrán en el futuro. ¿Qué le dirías a este sacerdote si tú fueras su Obispo?

3.   Un médico de treinta y dos años está pensando en dejar su práctica. Se inscribe en un programa de Maestría en Estudios

Pastorales. Casi al completar su Maestría, deja su práctica médica y acepta una asignación pastoral en la región más remota de la diócesis, en donde hay tres parroquias con un párroco. Un sacerdote retirado preside la Misa dos domingos al mes en una de las parroquias, pero no puede hacer más. El médico-ministro, considera ser ordenado diácono permanente, asunto que ha comenzado a hablar con su Obispo. Por lo pronto, él está contento con ser nombrado "simplemente" pastor asociado. En esta remota región de la diócesis, a la gente no le gusta viajar muy lejos. Verdaderamente, algunos no pueden. ¿Cómo pueden estas tres parroquias compartir recursos en tal situación? ¿Cómo se distribuirán las tareas y los recursos? ¿Concretamente cómo o cuándo será celebrada la Vigilia Pascual en el(los) próximo(s) año(s)?

4.   El Párroco y el sacerdote asociado de una gran parroquia están ambos al borde de la fatiga, por el peso de la actividad pastoral y, más aún, por el mantenimiento diario de la parroquia. Para enfrentar la crisis, el párroco contrata a un administrador parroquial de negocios, y le pide al Obispo la asignación de un pastor asociado laico. El último, toma diversas tareas frecuentemente asociadas con el sacerdocio, entre ellas: presidir las oraciones en la vigilia de una Misa de funeral, conducir las oraciones de las últimas recomendaciones de los difuntos en el cementerio, y visitar a los enfermos graves en sus casas y el hospital. Los feligreses quieren un contacto personal con el sacerdote en esas circunstancias. Dialogue y comparta varias estrategias para enfrentar los retos ministeriales en esta situación.

5.   Una pareja joven se está preparando para el matrimonio. Esperan visitar al sacerdote periódicamente en el transcurso de su preparación. En el contacto inicial, el sacerdote instruye a la pareja a trabajar de ahí en adelante con el equipo de preparación matrimonial, compuesto por parejas de matrimonios y coordinadas por el pastor asociado laico. Ellos expresan su inconformidad por no tener el contacto de persona a persona con el sacerdote y deciden ir a otra parroquia para una "atención personal". Si usted fuera el pastor asociado, ¿qué le diría a esta joven pareja?

6.   Varios consejos parroquiales vecinos, colaboran en el horario de las Misas diarias, así no habrá una multiplicación innecesaria de servicios. Se informa debidamente a los feligreses sobre el nuevo horario de Misas, y se les anima a participar en las Misas de las parroquias vecinas. Se resisten con el argumento de que "la otra Iglesia no es mi parroquia". ¿Qué recomendaciones podrían darse para seguir adelante?

7.   Un Obispo está enfrentando el cerrar o unir parroquias porque no tiene suficientes sacerdotes para proveer un párroco residente para cada parroquia. ¿Qué consejo le darías al obispo?

8.   Las Guadalupanas han tenido por años su devoción en la iglesia parroquial los jueves por la noche, seguida de una reunión con el sacerdote de la parroquia, para hablar sobre los diversos trabajos apostólicos en la parroquia. El nuevo párroco les informa a ellas que, debido a otros deberes parroquiales, no le es posible asistir a sus reuniones. Las Guadalupanas se sienten abandonadas. Aún más importante, ellas están renuentes a reunirse sin la presencia de un sacerdote porque en la convicción que ellas tienen en común, no pueden hacer decisiones que afecten la vida de cualquiera en la parroquia, sin la aprobación de un sacerdote. ¿Algún consejo?

9.   Un párroco de edad avanzada, siente que no puede jubilarse porque no hay un sacerdote que lo reemplace como párroco. A pesar de su edad, de su deteriorada salud y muchos años de servicio, decide quedarse como párroco debido a un sentimiento de responsabilidad hacia su gente. ¿Qué otras opciones están a su disposición?

10.   Una mujer laica, siente el llamado al ministerio eclesial laico, pero no puede vivir sostenida por un "salario de Iglesia". ¿Cómo proceder?

11.   Un miembro perteneciente a la parroquia por más de veinte años, está continuamente frustrado porque no puede contactarse con un sacerdote. Secretarias, recepcionistas, asociados laicos, buzones de voz,—pero no se puede encontrar a un sacerdote—. Después de estar buscando a un sacerdote, el feligrés es aconsejado que aquello que le preocupa a él, sería tratado mejor por el diácono en la parroquia. Él resiste el consejo. ¿Alguna recomendación?

12. Una feligresa llama por teléfono a otra y le informa: "Hace unos días llamé a la Iglesia para pedir información acerca de una ceremonia de Quinceañera para nuestra hija más joven. La secretaria de la parroquia me dijo que el párroco solamente estaba haciendo ceremonias de Quinceañeras en 'grupo'. Nuestra familia tiene una larga tradición en que los sacerdotes celebraban las ceremonias de Quinceañera con la presencia de la familia y amigos, ¡no enfrente de toda la iglesia llena de extraños! Estoy herida y furiosa porque el sacerdote no honra nuestras tradiciones y no hace la ceremonia de Quinceañera en la manera que siempre se ha hecho". ¿Qué podría usted decir si fuera parte de esa conversación telefónica?

13. Una feligresa tímida y reservada pide ver al párroco. Ella manifiesta una gran tristeza mientras le dice: "Nuestra parroquia tenía tres sacerdotes que nos atendían. Ahora sólo está usted, padre, y no hay sacerdotes asociados. El domingo, tenemos sacerdotes "suplentes" y algunas veces parece como si esos visitantes estuvieran diciendo todas las Misas. Durante muchos años se nos ha urgido el construir un fuerte espíritu de comunidad en la parroquia, pero ahora yo estoy empezando a experimentar una pérdida del sentido de familia y comunidad en mi parroquia por causa de estos sacerdotes visitantes. Padre, ¿qué es lo que va a pasar con nuestra parroquia?" ¿Qué le recomendarías al párroco que dijera?

SEGUNDO EJERCICIO:
COMPRENDIENDO Y JUZGANDO

En el segundo ejercicio, el enfoque es en una u otra de las fuentes de la Escritura, que nos provee la base para comprender el ministerio expresado en esta Carta Pastoral. El propósito del ejercicio es ganar una *comprensión* clara de la naturaleza del ministerio, ordenado y no ordenado, y, a la luz de esa comprensión, formular algunos *juicios* acerca de la manera en que el ministerio debe ser ejercido en su parroquia en los próximos años. ¿Qué es lo que dice el pasaje sobre el ministerio en la Iglesia, la Iglesia venidera "vista" en las "imágenes" del primer ejercicio? Nuestras estructuras ministeriales actuales en la parroquia, Decanato, Región Pastoral, y en la Arquidiócesis ayudan o impiden la visión del ministerio expresada en:

- 1 Corintios 12:1ss: "Hay diversidad de carismas".
- Juan 13:1–20: "Para que ustedes hagan lo mismo".
- Marcos 6:30–44: "Denles ustedes de comer".

Dialoguen sobre cómo nuestro ejercicio del ministerio en la Iglesia, debe ser una expresión más clara de nuestro compromiso que tome de corazón las palabras de Jesús a sus discípulos: *Les he dado ejemplo, para que también ustedes hagan lo mismo como yo lo he hecho con ustedes* (Juan 13:15).

Tercer ejercicio: decidiendo

El tercer ejercicio se propone ayudar a los grupos parroquiales a *decidir* qué se necesita hacer. ¿Qué cambios se necesitan hacer, para poder movernos hacia un estilo de ministerio más colaborativo e inclusivo? Dentro del contexto de su pequeño grupo o comunidad parroquial, invítense unos a otros a compartir las historias de las circunstancias que llevan a él o ella a reconocer la necesidad de cambiar, a ser más colaborativos e inclusivos,—tal vez en la relación personal, en la familia, en el lugar de trabajo, y después en su vida dentro de la Iglesia y dentro de su ministerio—. ¿Qué *decisiones* se necesitan hacer y por qué? ¿Qué se necesitó para sostener y fortalecer la decisión una vez que se haya hecho? Invite individualmente y a todo el grupo a enfocarse en una serie de preguntas, entre ellas: ¿Cuáles fueron las percepciones, convicciones y comportamiento que tuvieron que ser puestos a un lado en respuesta al llamado a una mayor colaboración? Considere algunas cualidades que usualmente se juzgan necesarias para la colaboración en el ministerio:

- El respeto por el sacerdocio de los bautizados y el sacerdocio ministerial enraizados en la convicción de que cada uno es esencial para la vida de la Iglesia.

- El compromiso en la continua conversión a la igualdad, interdependencia y solidaridad en cada dimensión de la vida eclesial.

- La apertura.

- El deseo de cambio.

- La vulnerabilidad, el reconocimiento de la necesidad de ayuda, porque no podemos y no debemos tratar de hacerlo todo nosotros mismos.

- Una actitud no defensiva.

- La generosidad, el deseo de compartir.

- Mantener en equilibrio la libertad espiritual ante las tensiones inevitables que vienen con el cambio.

¿Cuál de estas cualidades juzga usted que es la más importante mientras su parroquia se dirige hacia un estilo ministerial más colaborativo e inclusivo? ¿Qué falta en la lista de cualidades? Nómbrelas. ¿Cuáles son los puntos fuertes y los retos de un estilo de ministerio más colaborativo, participativo, e inclusivo? Enúncielos. ¿El estilo de ministerio colaborativo e inclusivo tiene algunos aspectos débiles o fragmentados? Sea específico.

CUARTO EJERCICIO: ACTUANDO

El cuarto ejercicio implica el identificar *acciones concretas* y *específicas* que deben tomarse a la luz de lo que se ha *visto* y *entendido*, y en vista de los *juicios* y *decisiones* que surgen de los ejercicios previos. Este ejercicio se enfoca en las diferentes cuestiones que se exploran juntos en los niveles Parroquial, Decanal, Regional y Arquidiocesano.

1.   ¿De qué manera el sacerdote puede discernir mejor el carisma y la vocación de los miembros de su comunidad parroquial?

2.   ¿Cómo podríamos educar mejor a los seminaristas y a los sacerdotes a reconocer y desarrollar los dones de todos los bautizados?

3.   ¿Cómo podría el sacerdote ser mejor asesor de los líderes en la parroquia y en la formación de discípulos fieles?

4. ¿Cómo podemos animar a la gente a responder a su llamado bautismal para la participación completa en la vida de la Iglesia, para

compartir la misión de Cristo y del Espíritu de acuerdo a su don y vocación especial?

5. A través del Bautismo, todos los Cristianos están llamados a compartir en la misión de Cristo y del Espíritu. Las demandas del discipulado Cristiano vinculan el dar atención particular a los últimos, a los más pequeños de los últimos en la Iglesia y de la sociedad. ¿Quiénes son los últimos, los más pequeños de los últimos en su parroquia, barrio, lugar de trabajo, escuela y comunidad? ¿Y qué pasos concretos pueden tomarse para darles un mayor servicio a ellos?

6. ¿Qué pasos concretos deberíamos de tomar para desarrollar un proceso para discernir, identificar y despertar los dones de los bautizados y también proveer una adecuada formación en el ejercicio de los ministerios eclesiales laicales?

7. ¿Qué pasos concretos podemos tomar para alimentar, apoyar y sostener las vocaciones sacerdotales y a la vida religiosa?

8. ¿Cómo podemos asegurar que la capacitación y formación de los ministros eclesiales laicales sean una de las principales prioridades de la Arquidiócesis y de nuestras parroquias?

9. ¿Cómo vamos a educar a los laicos Católicos para acoger nuevos modelos de ministerio?

10. ¿Cómo podemos ayudar a los sacerdotes a negociar los múltiples cambios que aún se encuentran en el futuro?

11. ¿Cómo podemos aprender la capacidad de escucharnos mutuamente dentro de nuestras comunidades, los pequeños grupos, la Parroquia, el Decanato, la Región y la Arquidiócesis?

12. Si usted fuera a desarrollar una descripción de trabajo del sacerdote ordenado en la Iglesia de hoy, ¿cómo sería esta descripción?

Conclusión

La aurora de este nuevo milenio es una ocasión de gran alegría y profunda esperanza. Este es un momento de gracia, un momento en la historia cuando nosotros, los clérigos, religiosos y laicos, estamos llamados a reconocer nuestras grandes oportunidades para el servicio de Cristo y de su Iglesia. Estamos enriquecidos por Dios para responder a los retos que nos esperan. No tenemos razón para temer, pero sí una abundancia de razones para vivir en la esperanza y en la confianza.

Hay muchos recursos dentro de nuestra Arquidiócesis que nos ayudan a todos y cada uno a responder a los dones y tareas que están ante nosotros. Conforme caminamos juntos en la satisfacción de las necesidades de nuestra Iglesia local, me comprometo a dar mi apoyo a los sacerdotes, religiosos y laicos que están trabajando para rediseñar las estructuras ministeriales, así ellas nos permitirán el ejercicio del ministerio más colaborativo e inclusivo. Esta Arquidiócesis tiene buenos programas de educación y capacitación para los ministerios. Les exhorto a tomar ventaja de las muchas oportunidades ofrecidas a través de la Arquidiócesis, del Seminario de San Juan, del Colegio del Seminario de San Juan, de la Universidad Loyola Marymount, del Colegio Mount Saint Mary, y de otros recursos. Damos la bienvenida a su participación activa para asegurar que la riqueza de la diversidad de los dones del Espíritu, continuará floreciendo en el servicio del Cuerpo de Cristo y de todo el mundo en nuestro tiempo y lugar.

Conforme nos movemos juntos en un espíritu de verdadera colaboración, uno de los retos que nos espera es aprender más acerca de compartir los recursos a nivel local. Si el ministerio es ser verdaderamente colaborativo e inclusivo, entonces debemos hacer grandes esfuerzos en "emparentar" y establecer "parroquias hermanas" en la Arquidiócesis. ¿Cómo podemos motivar el desarrollo en las relaciones de "parroquias hermanas" entre parroquias pobres y aquellas con grandes recursos financieros? Trabajando juntos para establecer una gran colaboración entre las diferentes parroquias ganaremos una mayor apreciación de las maneras en las cuales todos los ministros de Cristo y de su Iglesia son retados a ser defensores más efectivos de los pobres, los últimos, los más pequeños y los marginados tanto en la Iglesia como en la sociedad.

Desde la conclusión de la Asamblea de los Sacerdotes en octubre de 1997, los sacerdotes de la Arquidiócesis han estado trabajando más de cerca a nivel Decanal. Se requerirá una mayor colaboración en el ministerio para comprometernos a trabajar aún más de cerca con todos nuestros Decanatos. ¿Cómo podemos subrayar la importancia del Decanato como un recurso y modelo de colaboración? ¿Cómo podemos subrayar la habilidad para tomar decisiones en las Regiones Pastorales y Decanatos, para tratar con las situaciones locales? ¿Cómo formar una estructura decanal más efectiva y colaborativa? ¿De qué manera el Decanato puede llegar a ser un medio para la continuación del trabajo de la Asamblea de los sacerdotes y de las Convocaciones?

Esta Carta Pastoral es en sí misma el fruto de la Asamblea de los sacerdotes de 1997 y de las Convocaciones de 1998 y 1999. Estas han sido reuniones de vital importancia para la vida de nuestra Arquidiócesis y para su futuro. Si vamos a continuar cosechando los abundantes frutos de esas reuniones, a continuar desarrollando un estilo de ministerio más colaborativo e inclusivo, al que los sacerdotes han sido llamados, entonces uno de los retos que nos esperan ahora es reunirnos los sacerdotes, diáconos, religiosos y líderes laicos para explorar más la manera en que debemos ejercer más efectivamente nuestro ministerio como siervos de Cristo y de su Iglesia.

Es entonces, con gran gozo que anuncio y por este medio convoco a un Sínodo Arquidiocesano, el cual incluirá miembros de todo el Pueblo de Dios. El último Sínodo en la Arquidiócesis de

los Ángeles fue realizado en 1960, antes del Concilio Vaticano Segundo. El proceso pre-sinodal inicia ahora con la promulgación de esta Carta Pastoral, y esperamos, concluirá a finales del 2002, o a principios del 2003, en nuestra nueva Catedral de Nuestra Señora de Los Ángeles.

En preparación para el Sínodo, les exhorto a cada uno y a todos los sacerdotes, diáconos, religiosos y bautizados Católicos de la Arquidiócesis de Los Ángeles, a tomar de corazón las palabras de esta Carta Pastoral. Si el mensaje es tomado con el corazón, lo que es requerido, no solamente deseado, es que todas y cada una de las parroquias inicien a planear el estudio completo de la Carta Pastoral, y a involucrarse en los ejercicios de la cuarta parte de esta Carta. Haciendo eso, estaremos mejor dispuestos a caminar juntos hacia delante, en la esperanza de ser y construir el Cuerpo de Cristo en esta Iglesia local de Los Ángeles.

Tenemos una herencia rica, un regalo pleno. Pero esto no es un tesoro de plata u oro. ¡Sino que, nuestra herencia es una abundancia del don,—un florecimiento de dones más pleno, que jamás hubiéramos imaginado!

AS I HAVE DONE FOR YOU

A PASTORAL LETTER ON MINISTRY

Cardinal Roger Mahony

and the

Priests of the Archdiocese of Los Angeles

Holy Thursday
April 20, 2000

LITURGY
TRAINING
PUBLICATIONS

ACKNOWLEDGMENTS

The text of *As I Have Done for You*, © 2000, Archdiocese of Los Angeles. All rights reserved.

As I Have Done for You originally was published in *The Tidings*, newspaper of the Archdiocese of Los Angeles, on April 20, 2000.

This English/Spanish edition © 2000, Liturgy Training Publications, 1800 North Hermitage Avenue, Chicago IL 60622-1101; 1-800-933-1800; orders@ltp.org; fax 1-800-933-7094. Website www.ltp.org.

This book was edited by Gabe Huck and Tod Tamberg with production assistance from Marie McLaughlin. The cover design is by Anne Fritzinger; the interior design by Anna Manhart. The production artist is Mark Hollopeter. The book was printed by Printing Arts of Chicago.

Cover art: detail, *Washing of the Feet, No. 2* © 1999 by John August Swanson, acrylic painting, 23 in. x 29.5 in. Full-color posters and cards of Mr. Swanson's work are available from the National Association for Hispanic Elderly, 234 E. Colorado Boulevard, Suite 300, Pasadena CA 91101; 626-564-1988.

Photographs on pages 23 and 39 by © Bill Wittman. Photograph on page 31 © 2000 Victor Alemán/2 Mun-Dos Communications. Used with permission.

Readers of *As I Have Done for You* may wish to explore *Gather Faithfully Together*, Cardinal Mahony's 1997 pastoral letter on the liturgy. It is published by Liturgy Training Publications with the title *Guide for Sunday Mass*.

ISBN 1-56854-406-5

HAVDON $5.00

04 03 02 01 00   5 4 3 2 1

CONTENTS

Part One

The Changing Parish

Saint Leo's Parish, Archdiocese of Los Angeles, 1955

1   In the year 1955 St. Leo's Parish, Los Angeles, looked like most parishes throughout the Archdiocese of Los Angeles, and indeed, across the United States. At the time, the pastor of St. Leo's Parish had been there 22 years, and two full-time assistant pastors were assigned to help with church duties. On weekends, two priests from a large religious order arrived to help with confessions on Saturdays and with Masses on Sundays. These three full-time and two part-time priests served this average parish of 1,500 families.

2   The primary pastoral work of the parish was sacramental, educational, and devotional. Five Latin Masses were celebrated on Sunday morning beginning with the 6 a.m. Mass and ending with the 11:30 a.m. Mass. There were no Saturday evening anticipated Masses and the eucharistic fast was in effect from midnight on Saturday until after one received Holy Communion at Mass on Sunday. The priests alone distributed Holy Communion at every Mass and read the Scriptures in Latin, while the faithful followed the translated text in their missals. Usually the Gospel was repeated in English just before the sermon.

3   Weekday Masses were at 6:30 a.m. and 8 a.m., and a Mass for the schoolchildren was celebrated every Thursday morning at 9 a.m. During Lent, schoolchildren were brought to Mass each morning before the beginning of the school day. All schoolchildren

went to confession on the Thursdays before First Fridays. On Fridays in Lent, the children made the Stations of the Cross immediately after Mass. St. Leo's Catholic School was staffed by a large group of Sisters. Most students had a Sister teacher for most of the eight grades. Lay teachers were the exception at St. Leo's.

Confessions were heard every Saturday from 4 p.m. to 5:30 p.m., and from 7:30 p.m. to 9 p.m. Since most parishioners went to confession before receiving Communion, the lines to get into the confessional were often quite long. Confessions were often heard during Sunday Mass as well. 4

Devotions to Our Lady of Perpetual Help were held on Tuesday evenings, the Ladies' Sodality met in church to pray the rosary together on Wednesday evenings, and the Holy Name Society gathered for a Holy Hour on Thursday evenings. Quite often the devotions were followed by Benediction of the Blessed Sacrament. 5

The younger assistant pastor was in charge of the Confraternity of Christian Doctrine, helped organize the Saturday morning program, taught the volunteer teachers, and took care of all the details of the program. He also trained and supervised the altar boys and set their regular schedules. 6

The senior assistant pastor took care of visiting the sick in the hospital and convalescent homes, and looked after the small Chi Rho Club youth group that met twice a month. He was also chaplain to the Legion of Mary. 7

The assistant pastors visited the parish school regularly and were visible on the playground often during recess or lunchtime. They would drop in on classes frequently and were considered special heroes to the schoolchildren. 8

The pastor took care of the parish administration, finances, Mass schedules and other similar duties. He also served as the chaplain to the Holy Name Society and the Altar Society. 9

During the course of a week at St. Leo's Parish, there were few meetings of the parishioners. Members of parish organizations tended to meet during the daytime or on the weekend. Occasionally they met in the evenings, but these were usually set aside for the devotions. 10

11   The priests would schedule appointments during the evening hours to assist couples preparing for marriage or to counsel people. It was rare that more than one priest had a meeting to attend on a weeknight.

12   The parish had few paid employees. There was the janitor who cleaned the church and parish hall, and often took care of the school as well. A housekeeper lived in the rectory and took care of all the needs of the priests in their home. One parish secretary handled the telephone and the front door and those other duties that would arise, such as mimeographing the Sunday bulletin on Friday mornings.

13   St. Leo's, like most parishes, had a part-time choir director and an organist who received very modest stipends for their work. The Altar Society took care of the sanctuary, sacristy, vestments, and sacred linens—all were volunteers.

14   The spiritual needs of the parishioners were fairly routine. They attended Sunday Mass faithfully and came to confession at least once a month. Some came to the devotions during the evenings. Many sent their children to the parish school, while most, who supported the parish financially, had little participation in the ordinary life of the parish during the course of the week. The parish church was there when needed—for baptism, First Communion, confirmation, marriage, and funeral Masses—and the priests responded to such normal family emergencies as illness, accident, or death.

15   Since all of the Masses and sacraments were celebrated in Latin, the ethnic makeup of the parish did not make much difference. St. Leo's did have parishioners from various ethnic and cultural backgrounds, but the majority spoke English. The priests assumed that most everyone in the parish spoke English sufficiently. On the other hand, the priest's sermon was, for all intents and purposes, the only English spoken during the Mass. It often took the form of moral exhortation, peppered with reminders of the requirements of one's duties in church and civil life. Rarely was the sermon directly related to the Epistle, the Gospel, or to an explanation of the Scriptures, which received little attention in comparison to the heart and soul of the Mass—the moment of consecration.

By all accounts, the above description would hold true for   16
almost all of the parishes in the Archdiocese of Los Angeles. At
the time, St. Leo's would be described as a fine, active parish of
the archdiocese, and almost everyone would agree. The pastoral
life of the parish was simple and fairly routine, and the spiritual
needs of the parishioners were met in accord with the schedule of
services offered.

SAINT LEO'S, L.A., 2005

The parishioners from St. Leo's in 1955 will hardly recognize their   17
old parish in the year 2005. St. Leo's is still a typical parish—typical
for an archdiocese with well over six million Catholics. It is esti-
mated that the number of Catholics will continue to grow by at
least one million every five years into the foreseeable future. The
Catholic population of the archdiocese is richly multicultural and
quite diverse. Every Sunday, the Eucharist is celebrated in over 50
languages in parishes all across southern California. There are still
large numbers of parishioners whose origins are European; however,
now there are larger numbers of parishioners from Asia and Africa,
while the majority has roots in Mexico and Latin America, and a
vast number of our population is immigrant and poor. Amidst
these shifting circumstances, St. Leo's 2005 understands itself as a
vibrant Catholic community of faith, impelled by the Spirit to
evangelize and, in word and deed, become a light to the nations.

Steeped in the riches of the Catholic tradition, the people of   18
St. Leo's are aware that there is no returning to the days prior to
the Second Vatican Council when there were large numbers of
priests, Sisters, and Brothers, and when the role of the laity in ministry seemed unnecessary and was inadequately recognized. At St.
Leo's, there is a strong sense of the baptismal call and a deep and
growing awareness that all in the parish are responsible—to vary-
ing degrees and in different ways—for being and for building the
Body of Christ in their own time and place. Their vision for the
future of St. Leo's is reminiscent of the vision of the prophet Isaiah:

You yourselves shall be named priests of the Lord,
Ministers of our God you shall be called. (Isaiah 61:6)

19 At St. Leo's Parish it is understood that ordained priests and deacons, women and men religious, and the baptized faithful all share
in the one priesthood of Jesus Christ, each according to his or her
own gifts given in baptism, strengthened in confirmation, and
invigorated week by week, or even day by day, in the Eucharist.

20 St. Leo's now has over 5,000 Catholic households. Over the
last seven years, many English-speaking families have moved away
from the parish. The current parish census indicates an ever-
expanding Hispanic and Asian population. In a recent poll, many
of the older parishioners expressed great dismay at the possibility
of reducing the number of English Masses from two to one. Several
threatened to leave the parish and go to another.

21 St. Leo's is now served by a pastor, a lay pastoral associate
who is a married laywoman with two young children, a permanent
deacon, and a large staff of laypeople, some of whom are full-time,
some part-time, and others volunteer. There is a parish business
manager who manages the temporal affairs of the parish: manag-
ing the front office, balancing the books, ordering supplies, assur-
ing that all parish facilities run efficiently. The pastor is fluent in
English and Spanish. The deacon is a widower in his mid-60s, the
father of four adult sons. He is Spanish-speaking and struggles with
English. The pastoral associate speaks no Spanish, but communi-
cates well with the Vietnamese parishioners. The pastor presides
at most of the liturgies in English and Spanish and is grateful when
a priest from one of the other parishes in the pastoral region lends
a hand from time to time. One "supply" priest visits to help with
Mass in Vietnamese and another with the Mass in Korean.

22 The Saturday evening and Sunday Masses are well attended.
A particular strength in the parish is the preaching at Mass,
especially when the deacon manages to relate the Gospel to the
demands of marriage and family life. The director of liturgy is a full-
time, paid staff member. She does an admirable job at coordinating
all the different liturgies at St. Leo's, planning music appropriate

for each and working with the different priests who come to celebrate Mass at the parish, as well as with the other lay ministers
involved in the different liturgies. Morning Mass is celebrated on
Mondays, Wednesdays, and Fridays. Parishioners are encouraged
to go to Mass on Tuesdays, Thursdays and Saturdays at neighboring parishes.

With increasing frequency, the deacon officiates at weddings   23
at St. Leo's. Often, two or three couples are wed in the same nup-
tial ceremony outside Mass. The baptism of infants usually takes
place within the context of the regularly scheduled Sunday Masses.
Funeral liturgies are often celebrated within the schedule of weekday Masses.

St. Leo's School continues to struggle financially. There is no   24
lack of students. The number of applicants each year far exceeds
capacity. While most of the students at St. Leo's are Catholic, some
are not. There is one Sister in the school and a young single lay-
man is the principal. The lay teachers and staff at St. Leo's could
all earn larger salaries as employees in the public school system,
but they are committed to St. Leo's, its students, and its mission.

Most of the Catholic children of St. Leo's Parish attend the   25
public schools and receive their religious education through the
various catechetical programs of the parish, which enroll five
times the number of students as the parish school. The Director of
Religious Education is a full-time staff member of the parish, but
also lends a hand at the neighboring parish. Her work takes her
away from home most evenings, since the catechetical programs
must be organized around the students' school schedules. Catechetical programs must also be developed in light of the different
languages spoken by students and their parents. One of the hopes
of the pastor and his staff is that parents will take greater responsibility for the religious education of their children, fostering more
home-based catechesis and fewer parish-centered programs of religious education. All on the staff are aware that this will call for a
change in thinking on the part of a great number of the parents, as
well as an increase in their willingness to be educated for the purpose of educating their children in the faith.

26   Each day and most evenings of the week there is something going on at St. Leo's. The Pastoral Council meets on the first Tuesday evening of each month. During any given meeting of the Pastoral Council, there may be a discussion of the need for volunteers for the parish-sponsored food pantry, or of the need for more frequent outreach to the elderly and the shut-in in the parish, or of finding more creative ways to raise funds for the various programs of the parish. Marriage preparation classes are also held on Tuesday evenings. These are coordinated and conducted by three married couples in the parish, one couple for each of the major language groups in the parish. On Wednesday evenings there are classes in adult faith formation, taught by one of the seminarians for the archdiocese who is in residence at another parish in the cluster to which St. Leo's belongs. A new group has emerged in the parish, and meets on Thursday evenings. Aware of the diverse religious groups within the parish boundaries, this group is seeking ways to engage in ecumenical and interreligious dialogue as an expression of St. Leo's commitment to a new evangelization. On Friday evenings, the young adult group gathers at the parish at six o'clock and then decides on which restaurant and movie theatre they will go to together. Over dinner they discuss the strengths and weaknesses of the literacy program which they have launched in the parish. Additionally, there are small groups that meet once a week: the charismatic prayer group, the Cursillo group, and the communities of self- and mutual help inspired by the Twelve-Step Program.

27   The pastor, the pastoral associate and the deacon share oversight of the various groups and activities of the parish. The pastor tries to be present for as many of the evening meetings as possible. When he is not able to do so, he asks the deacon or the pastoral associate to go instead. In addition to numerous scheduled parochial duties, his typical day might also include a funeral Mass, a visit to the hospital to anoint a patient who is gravely ill, and a meeting with the other pastors of the deanery in the archdiocese. At the end of the day, he might have yet another commitment, which brings him away from the parish. He relies heavily on the members of the parish staff, especially the pastoral associate and the

deacon. Without them he would have little chance for a day of rest and recuperation each week. He is aware of the need for ongoing formation for himself and for all the members of his staff, and is seeking creative ways to make this possible. As pastor, he understands that it is his duty to take advantage of the many opportunities within the archdiocese to develop his skills as a minister of Christ and his Church, and to encourage others on his staff, and within the parish at large, to do so as well.

Because St. Leo's understands itself to be an evangelizing   *28* Catholic community, the Word of God in Scripture is central to its life, prayer, and ministry. The readings for the coming Sunday are reflected upon in all groups and meetings in the parish, as well as in the 25 small Christian communities scattered throughout the many blocks which make up St. Leo's. Indeed, the people of St. Leo's have come to think of themselves as a community of communities. These small communities, or ecclesial groups, are of such size as to allow for the development of human relationships rooted in a shared vision and in commonly held purposes and values. They also allow for an ongoing experience of shared faith and prayer.

The pastor, pastoral associate, deacon and other members of   *29* the parish staff gather on Monday evenings with each of the following groups in rotation: catechists, teachers, leaders of small groups and animators of various ministries and initiatives within the parish. Their focus is less on programs and organizations and more on communities of mission and ministry: feeding the poor of the parish and beyond, visiting those shut-in, preparing couples for marriage, working in RCIA teams to assure readiness for sacramental initiation into the Church, and organizing circles of catechists devoted to the religious education of children, teens and adults. All are invited to look at their own lives and the life of St. Leo's Parish in light of the Sunday readings, discerning how the Word is calling for their own transformation, for the transformation of the whole Church and the wider world. Here, the pastor plays an important role, since it is in the Monday gathering for Scripture reflection that he preaches the Word in such a way as to invite parish leaders to be teachers and exemplars of the Word in their own communities through the exercise of their various ministries throughout the week. It is here, during the Monday evening meeting, that the preparation of the prayers of the faithful for the Sunday liturgy begins. As the members of the community gather in faith around the Word together with their pastor, they can listen to one another and begin to voice in prayer the needs of the parish, the neighborhood, the wider Church and the world. It is also during the Monday meeting that the pastor and the deacon begin to profit from the wisdom of the community, listening to their concerns and insights and bringing them to bear upon the preparation of the Sunday homily.

30   Scripture study and faith sharing takes place in various groups throughout the parish during the week and strengthens the identity of St. Leo's as a communion of communities. Thus the people called together by the Word come to celebrate the Eucharist on Sunday having already reflected at length on the readings. They are prepared for the liturgy and more deeply bonded with other members of the community who have likewise been washed in the Word throughout the week. At St. Leo's, the parishioners are aware that the full, conscious and active participation in the liturgy to which they were called at the Second Vatican Council (*Sacrosanctum concilium* 14) is not possible unless there is full, conscious and active participation in the life of the community.

31   The activities of the parish and its liturgical life strengthen the sense of being called through baptism to share in the mission of Christ and the Spirit. The gathering on Sunday for Eucharist is understood as the source and summit of the parish's life, but not the whole of it. The parish church is no longer seen as the place where people go simply to have their needs met. Rather, the parish is where one and all are challenged to exercise their baptismal calling. The pastor no longer sees himself as the one called to meet all the needs of the people, but as the one who animates the people of the parish to put their gifts to the service of each other and of the wider Church and the world. The pastor presides over a community of faith, gathers it together, calls it to unity and charity, orders its life, and animates its mission. This he does preeminently in the

celebration of the Eucharist with his people. At St. Leo's, who the pastor is and what he does can only be understood in terms of his relationship to his people, his Church, the entire Body of Christ. It is not just the ordained, but the community as a whole, which is called to share in the mission of Christ and the Spirit, to witness to the presence of Christ and the creative activity of the Spirit in the Church and in the world.

Week by week, the people of St. Leo's gather for Word and Sacrament. The Sunday Lectionary is the principal text for the spiritual life of the people and of the pastor, just as the Eucharist is their principal source of spiritual nourishment. As their knowledge of Scripture has deepened, they have come to see themselves in the Gospel account of Jesus and the apostles faced with a hungry crowd. In Mark 6:30–44, the apostles are concerned about how so many people will be fed. Jesus tells them, "Give them something to eat yourselves." The pastor at St. Leo's seeks to discern, call forth, animate, and send forth his parishioners to serve the needs of the people. Jesus does not feed the hungry people himself, but he urges those near him to do so; and yet it is Jesus who makes the feeding possible by the multiplication of the loaves and fishes. At St. Leo's, the pastor is not the one who does it all, but is one who is devoted to animating the baptismal gifts of his people for the service of others. Like Andrew in John's account of the multiplication of the loaves and fishes (6:1–14), the pastor has an eye for what is present in the community and brings it to the Lord, so that the Lord might now show how it is sufficient and give it increase for the life of the whole Church.

By all accounts, the above description would hold true for almost all of the parishes in the Archdiocese of Los Angeles in 2005. St. Leo's would be described as a fine, active parish of the archdiocese, and almost everyone would agree. The pastoral life of St. Leo's, L.A., 2005, is anything but simple and routine, and the spiritual needs of the parishioners are not met according to the schedule of services provided in 1955—or even in the year 2000.

32

33

PART TWO

ON THE ROAD TOGETHER

34 The two depictions of St. Leo's Parish in Los Angeles give some indication of the vast changes that have taken place in the life of the Church and its ministry in recent decades. The portrait of St. Leo's 2005 "names" the reality that awaits us in the Archdiocese of Los Angeles at this time. But, more importantly, it expresses what I believe the priests, people, and parishes of this archdiocese are called to be and become in the coming years of this new millennium.

35 Aware of the many changes affecting the life of the Church, the priests of the Archdiocese of Los Angeles assembled in Palm Springs, California, in October 1997, together with the Archbishop and the five Regional Bishops. Our purpose was to explore together the nature of the ordained priesthood in light of the challenges we must face in the Church of today, as well as in the Church of tomorrow. Throughout our gathering, one of the themes was Jesus washing the feet of the disciples (John 13) as a model for priestly ministry. As we reflected on our lives and our work, our joys and our struggles, most of the priests expressed a great sense of satisfaction, indeed excitement, in their priestly ministry. Some offered quite memorable personal witness to the joys and the struggles they have experienced in their priestly ministry. Even as the image of the priest appears to be shifting in significant ways, and as the expectations placed on the ordained seem to mount, when all is said and done, priests in the Archdiocese of Los Angeles are both happy and fulfilled in their vocation to be ministers of Christ and his Church.

Certain tensions remain, however. While the priests agree 36
that a central part of their vocation entails pastoral leadership,
many see the administrative responsibilities they bear as a hin-
drance rather than a help in the full flourishing of their ministry.
In general, priests desire less administration or none of it at all;
they see it as lying outside the scope of priestly work and ministry.
What, then, is the relationship between pastoral leadership and
administration? As priests seek new understandings of ministry,
with less emphasis on pastoral administration, what responsibilities must they be willing to set aside for a more fruitful exercise of
their ministry? A further tension remains: While most priests claim
to be happy and fulfilled in their ministry, they give little evidence
of enthusiasm for promoting priestly vocations.

The mood of the Assembly was sober and realistic as well as 37
positive and hopeful. While the number of priests is declining and
their average age rising, the number of Catholics in the archdiocese is increasing and the gifts of the lay faithful have been flourishing in unprecedented numbers and in wondrous ways. There was
also a sharp awareness and a growing appreciation of the fact that
the Archdiocese of Los Angeles is truly a multicultural Church.
The Priests' Assembly sought out ways to recognize the presence
and power of the Holy Spirit amidst these developments. As the
priests of the archdiocese continue to explore different understandings and models of ministry, there is a deepening awareness that
even as we are faced with a shortage of priestly and religious vocations, we are being invited to a deeper understanding of the nature
of the Christian vocation, and a fuller appreciation of ministry both
ordained and nonordained. There was and there remains a strong
conviction that the Holy Spirit is leading us toward new horizons.

Given these circumstances, there was a clear recognition that 38
mere adjustment and small shifts in practice will not suffice. What
is called for is a major reorientation in our thinking about ministry
as well as in our ministerial practice. This necessitates four things.

First, it must be recognized that lay ministry rooted in the 39
priesthood of the baptized is not a stopgap measure. Even if semi-
naries were once again filled to overflowing and convents packed

with Sisters, there would still remain the need for cultivating, developing, and sustaining the full flourishing of ministries that we have witnessed in the Church since the Second Vatican Council. In the wake of the Council, we have arrived at a clearer recognition that it is in the nature of the Church to be endowed with many gifts, and that these gifts are the basis for the vocations to the priesthood, the diaconate, and the religious life, as well as for the many ministries rooted in the call of baptism.

40   *Second*, there is a pressing need for greater collaboration and inclusivity in ministry in the Church of the new millennium. While collaboration is to be a hallmark of the ministry shared among the priests themselves, as well as between the bishop and his priests, a major concern at the Priests' Assembly was to develop a deeper understanding of collaboration between the ministries of the ordained and those of the nonordained.

41   *Third*, there is a need for a clear understanding of the nature of lay ecclesial ministry on the part of the baptized and those who have received the sacrament of Holy Orders.

42   *Finally*, there is a need for a common foundational theology as the basis for the formation of seminarians, deacons, religious and laypersons for ministry, as well as for the development of more collaborative skills on the part of the ordained, so that one and all can exercise their ministry in a collaborative fashion.

43   In the course of the Priests' Assembly it was decided that the priests and their Archbishop would together write a Pastoral Letter on Ministry, articulating a clear vision of ministries, ordained and nonordained, and inviting local communities to begin to plan for the future of ministry in the archdiocese.

44   Following the Priests' Assembly, the priests, Regional Bishops and Archbishop gathered in convocation at St. John's Seminary, Camarillo, during June 1998 and June 1999. One of the aims of these Priests' Convocations was to discuss further the many challenges that await us as we move toward a more collaborative and inclusive approach to ministry. The discussion has continued within the deaneries of the five pastoral regions of the archdiocese. In the Fall of 1998, a report on the 1997 Priests' Assembly in Palm

Springs, entitled "Calling Forth Pastoral Ministry for Tomorrow's Church: Hope For the Future," was published in *The Tidings* and *Vida Nueva* (December 4, 1998) and included a call for input from individuals, parishes, and other constituencies within the archdiocese about the present and future of ministry.

The title of this Pastoral Letter comes from the Gospel of John. After washing the feet of his disciples, Jesus tells them: "As I have done for you, you should do also" (John 13:15). It expresses the conviction that all ministry in the Church, ordained and nonordained, is rooted in Christ the Servant.

45

This Pastoral Letter appears in the course of an ongoing dialogue on ministry in tomorrow's Church. It is intended as a signpost along the way, as we move together to be and to build the Body of Christ. In spelling out this vision of ministries, ordained and nonordained, I call upon the whole Church of Los Angeles to think and to plan for appropriate ways to meet the changing needs of the Church. This Letter is intended, then, as a tool, a mechanism for reshaping the ministerial structures of the local Church in a way that is both more collaborative and more attentive to the diversity of cultures which make up the Archdiocese of Los Angeles. No less will do if we are to remain faithful to our vocation as a Catholic people: to be a sacrament of the New Jerusalem, the Kingdom of God, in our own time and place. The Second Vatican Council reminded us in its Dogmatic Constitution on the Church (*Lumen gentium*) that it is in the nature of the Church to be a light to all nations. In responding to this gift and task, a clearer understanding of ministries ordained and nonordained in this new millennium is required, not merely desirable. By the light of this fresh understanding, we will be better able to move forward in preparation for the coming of the Day of the Lord, when Christ will be all in all (Colossians 3:11).

46

PART THREE

A SHARE IN THE ONE PRIESTHOOD

47   It has taken the shortage of priestly and religious vocations to awaken in us an appreciation of a broadly based shared ministry and a realization that it is in the nature of the Church as the Body of Christ to be endowed with many gifts, ministries and offices. What some refer to as a "vocations crisis" is, rather, one of the many fruits of the Second Vatican Council, a sign of God's deep love for the Church, and an invitation to a more creative and effective ordering of gifts and energy in the Body of Christ. This is a time of great challenge and opportunity in the Church, not least of all because the gifts of the lay faithful have been flourishing in unprecedented numbers and in unforeseen ways.

CONCILIAR ORIENTATIONS

48   Following the Second Vatican Council there has been a rediscovery in Catholic theology of baptism as the foundational sacrament of ministry, and a clearer recognition that ministry is not just for the ordained. The Council related the baptismal call, the ministry of the baptized, and the office of the ordained to the mystery of Christ and found in each a reflection of the threefold office of Christ as prophet, priest, and king. Every vocation in the Church and every ministry is rooted in the same reality of Christ and his presence by the Spirit in the Church. The Christian vocation is rooted in the Church as a sacrament of Christ in the communion

of the Holy Spirit. All ministry, be it the ministry of the baptized or of the ordained, is to be understood in relation to the community of the Church which expresses and receives its identity as the Body of Christ in Word and Sacrament. All ministry is for the service of the Church and the wider world, a participation in the ministry of Christ the Servant who, after washing the feet of his disciples urges them, and us, one and all: "As I have done for you, you should do also" (John 13:15).

The Second Vatican Council's Dogmatic Constitution on the Church, *Lumen gentium*, calls us to an awareness of the one priesthood of Christ into which we are initiated through baptism. Both ordained and baptismal priesthoods share in this one priesthood. The laity as well as the ordained participate in the threefold office of Christ the prophet, priest, and king. What emerges from the Second Vatican Council is a clear theology of the laity rooted in an understanding of the Church as the People of God, in the universal call to holiness, and in an appreciation of the nature of the Church both hierarchical and charismatic (*Lumen gentium* 4). The common priesthood of the faithful and the ordained priesthood are of different kinds. But because the ordained priesthood and the priesthood of the faithful are nonetheless interrelated (*Lumen gentium* 10), it is altogether clear that laypeople share in the Church's saving mission through baptism, confirmation, and the ongoing celebration of the Eucharist. Thus with the Second Vatican Council there is a restoration of the baptismal dignity of the laity, an emerging recognition of baptism as the basis and foundation of all ministry, and a fuller realization that ministry is not exercised only by the ordained. Ministry is rooted in the charisms given by the Spirit in baptism:

> There are different kinds of gifts but the same Spirit; there are different forms of service but the same Lord; there are different workings but the same God who produces all of them in everyone. To each individual the manifestation of the Spirit is given for some benefit. (1 Corinthians 12:4–7)

A Baptismal Priesthood:
An Abundance of Gifts

50   Rooted in the gifts of the Spirit given in baptism, ministry both ordained and nonordained is a share in the anointing of Christ as prophet, priest, and king in the waters of the Jordan (Matthew 3: 13–17; Mark 1:9–11; Luke 3:21–22; John 1:29–34). Baptized at the hands of John the Baptist, Jesus the Christ is impelled by the Spirit into the wilderness to be a *witness* to the glory of God the Father. His whole life was given to *worship* of the Father through the *service* of self-sacrificial love.

51   Brought into being through baptism, the Christian community is formed in and through the Eucharist (1 Corinthians 10:16–17). It becomes the Body of Christ who is Priest, and it joins itself to Christ the Priest in his return to the Father in his self-offering, thereby becoming a priestly community endowed with the flourishing of gifts to sanctify and evangelize the world (1 Peter 2:9).

52   All Christians are configured to Christ through baptism, for that is the sacrament by which the new People of God are incorporated into the Church, participate in Christ's death and resurrection, and assume the name "Christian." All Christians are called to a life of discipleship and have the obligation of extending his work and presence in the world today, advancing the Reign of God in our own time and place. All share in the one same vocation—to be and to build the Body of Christ, building up the Kingdom of God here and now.

53   It is in the Church, at this time and in this place, that the presence of Christ—the one who witnessed, worshiped and, above all, served—continues. And it is through *witness, worship, and service* that the Church continually expresses and receives its identity as the Body of Christ.

54   The baptized are called to share in the Church's mission through mutual service *(diakonia)*, through a life of worship *(leitourgia/koinonia)*, and through witness *(marturia)* to the Gospel by holiness of life. These are the hallmarks of Christian living. The manner and degree of engagement in this common call differ,

depending on the gifts and ministries given by the Spirit: "And the gifts are given so that some should be apostles, some prophets, some evangelists, some pastors and teachers" (Ephesians 4:11).

Most laypersons are called to transform the world by living out their baptismal vocation, being and becoming the Body of Christ in the world, advancing the Kingdom of God amidst the pressing demands of marriage, family, school and workplace.   55

The baptized also *witness* to the light and love of Christ through all forms of prophetic utterance, through teaching, through the ministry of catechesis, through theological reflection by which they seek to probe the riches of the Word and the Christian tradition, and through participation in the Church's evangelical mission, sometimes being sent from home and country as heralds and servants of the Good News in other lands.   56

The baptized *worship* God in Spirit and in Truth through full, conscious and active participation in the Sunday liturgy, through the proclamation of the Word in word and in deed, through the liturgical ministries of lector, musician, or eucharistic minister, through the many other ministries which serve to animate the community gathered for prayer.   57

The baptized *serve* God through administration, feeding the hungry, caring for the needs of the sick, working for justice, washing the feet of the homeless, safeguarding and protecting the rights of the last, the littlest, and the least, giving the Body and Blood of Christ to those gathered at the Table of the Lord, and bringing this Holy Communion to those who are sick at home or in hospital. In all these ways and more, the gifts of the Christian people for witness, worship, and service are being shared for the greater glory of God in a community of faith, hope, and love whose members together become a living doxology—alive for the praise and glory of God the Father, through Christ the Word, in the creative and bonding Spirit of Love through which the world is transformed.   58

In our own day, in addition to the call to the office of bishop, presbyter, or deacon, and the vocation to the consecrated religious life, some laypersons are called to "lay ecclesial ministry," a vocation of full-time Church service in response to the needs of each   59 local community. This must be distinguished from the vocation of all the baptized to advance the Reign of God through their commitments to marriage and family, workplace and social responsibility. It must also be distinguished from the many other lay ministries that flourish in the Church for the building up of the Church and the transformation of the world. Within the context of the common call to service which is given to all the baptized, "lay ecclesial ministry" refers to professionally trained or otherwise properly prepared women and men, including vowed religious, who are in positions of service and leadership in the Church.

60   This is a unique vocation in the Church, a call to service *in the name of the Church*. "Lay ecclesial ministry" does not describe one kind of service or work, but refers to the ministries of committed persons, women and men, married or single, which are exercised in a stable, public, recognized, and authorized way. This is Church ministry in the strict and formal sense. It emerges from a personal call, requires appropriate formation, and is undertaken with both the support and the authorization of competent Church authority. Lay ecclesial ministers serve in such capacities as Pastoral Associate, Parish Business Manager, Director of Religious Education, Catechist, Director of the RCIA program, Youth/Young Adult Minister, or Coordinator of Liturgy. The vocation to lay ecclesial ministry calls for greater attention and support in the Church today, through public recognition and authorization within a particular ecclesial community, even as we recognize the inestimable value of the foundational vocation of the baptized, from which arise the vocations to ordained ministry and the vowed religious life, as well as marriage and the committed single life.

61   Whatever the vocation or ministry, ordained or nonordained, each and every one is an expression of the threefold mission of every baptized Christian. What the Church is—a Body of *witness*, *worship*, and *service*, participating in the threefold office of Christ who is *prophet*, *priest*, and *king*—is what each of us is called to be. We do this according to the gifts, the charisms we have received in baptism. These differ. But whatever we do, we do it in the name of

the Lord in the power of the Spirit for the building of the Body of Christ and the transformation of the wider world.

Priestly identity can only be discerned within priestly relationships—with Christ, with the priestly People of God, with the bishop and other priests. The purpose of priestly ordination is to call forth and serve the priesthood of the whole Church, the entire Body. The ordained priesthood is not only a ministry for the Church on behalf of Christ, but it is also a ministry done with a priestly people (*Lumen gentium* 10). Although the notion of the priesthood of the community is older than the concept of an ordained ministerial priesthood (1 Peter 2:5–9), the Church very early recognized the consecrated ministry of those who are called uniquely to the service of God's priestly people.

62

The priest both engages the priesthood of the faithful and represents the priesthood of Christ to the priestly people. This the priest does principally through preparing the People of God to celebrate the Eucharist and by presiding over the eucharistic celebration. The priest also does this as one whose life, by a unique

63

and permanent sacramental character, is ordered to prayer, witness, and service in the name of and on behalf of the whole Church.

PRIEST AS SIGN OF ECCLESIAL COMMUNION

64 In light of shifting perceptions of the nature of ministry, priests sometimes wonder about the distinctiveness of the ordained ministry. This calls for a clear articulation of the identity of the priest. What precisely is the priest ordained to be and to do?

65 The essence of ordination to the priesthood lies in being a coworker with the bishop(s) to assist in the threefold office of teaching, sanctifying, and guiding. Priests are coworkers with the bishop. The priest builds up the Church by engaging in a threefold ministry of preaching the Word, celebration of divine worship that is rooted in his sacramental ordination, and guidance of the faithful. But the ordained priest's ministry of teaching, sanctifying, and guiding is also linked to the more fundamental mission of the baptized to witness, worship, and serve. As is the bishop's. By teaching, the priest enlightens, encourages, and at times corrects the baptized faithful as they strive to witness (*marturia*) to the Gospel amidst a culture quite indifferent and often hostile to its values. The ordained priest sanctifies the baptized by preaching the Word (for Christ is present when the Word is proclaimed and preached), by leading prayer (for Christ is present whenever two or three gather faithfully in his name) and by celebrating the sacraments (for Christ is present in every sacrament and, above all, in the Eucharist, the source and summit of Christian worship). All this he does best when he understands himself first as a member of God's holy people gathered at worship (*leitourgia/koinonia*). And the ordained guides by establishing, cultivating, and sustaining patterns of relationship rooted in equality, interdependence and mutual service (*diakonia*), calling forth and coordinating the gifts of all the baptized.

66 In understanding properly the ministry of the ordained priest, what must be underlined is the gift of presiding over the life of a community and its prayer. The priest must know how to

evangelize, to catechize, to preach, to pray, to celebrate, to discern, but, above all, he must know how to draw all the baptized together into communion and mutual service.

The sacramental life of the Church is centered on the Eucharist, whose celebration is to reflect the many gifts and roles exercised in the Church community. The ordained priest exercises his ministry by calling all the faithful to its celebration, by affirming their baptismal call within it, and by centering the life of the community around Christ in memory and in hope, through the gift of the one Spirit given to all the baptized.

67

By his share in Christ's threefold office of prophet, priest, and king, the ordained priest focuses in his person the revelation of Christ in and to the Church. Just as the ordained represent the entire community of faith, hope and love, so also the members of the Body of Christ should recognize themselves in the ministry of the ordained: in the bishop's ministry of teaching, sanctifying, and guiding; in the priest's ministry of witness to the Word, sanctification through sacramental celebration, and exercise of pastoral leadership.

68

Deacons serve the Church by assisting bishops and priests. Through ordination deacons participate in the Sacrament of Holy Orders, but they do not share in the ministerial priesthood itself (*Lumen gentium* 29). Nonetheless they express in a most visible way the character of the Church as servant. *Diakonia* is so central to the life of the Church that it is singled out and sacramentalized in diaconal ordination. The ordained deacon signifies in his person the unique charism of service in and for the Church.

69

From its origins, sacramental ordination has served the purpose of building up and presiding over the Church. Our understanding of the ordained priesthood has changed and is still changing. But certain key terms have been used over time to try to pinpoint the priestly role.

70

The term *in persona Christi* (in the person of Christ) has been used to show that it is really Christ who acts in the Eucharist and in the sacraments. No personal power or gift of holiness on the part of the minister can assure this, even though the priest's gifts must

71

be put at the service of Christ and the Spirit to add a fitting witness to the sacramental action. The priest can never stand in as a substitute for Christ, nor ever represent all that Christ truly is.

72   The term *in persona Christi capitis* (in the person of Christ the head) has been used to indicate that the priest acts in the person of the Church and of Christ the head of the Church. Affirming that the priest acts *in persona Christi capitis* relates priestly ministry to the whole Body, head and members, and emphasizes the priest's collaborative role, the need to work with other ministries, and the need to draw into the unity of the Gospel and the Church community all the gifts and ministries that come from Christ and his Spirit. As head of the community, the priest addresses challenging prophetic words to the community, exercises pastoral ministry of oversight and direction of the charisms of the community, and presides sacramentally as the instrument of Christ's action in the sacraments. But, in headship, the ordained minister is in the Church, not above the Church, or apart from the Church. The Church is the primary subject of liturgical and sacramental activity. The whole Church celebrates the sacraments—head and members.

73   The term *pastor* (shepherd) has been used to express the priest's relationship both to Christ and to the faithful. The term *priest* has been used to underscore the reality of the Eucharist in the life of the Church and in the ministry of the ordained.

74   Models of ministry continue to change, and in times of rapid change such as our own great discernment is needed. In light of the many gifts and challenges that are calling us to reshape our ministerial structures, the priest may be best understood as a *sign of ecclesial communion*. By sacramental ordination, the priest signifies the *unity*, *apostolicity*, and *catholicity* of the Church, the Body of Christ, the entire People of God—head and members.

75   When we are gathered by Word and Sacrament at the Table of the Lord as the *one* Body of Christ, we are amidst the real presence of the *apostolic* Church here and now. The priest as coworker with the bishop seeks to preserve communion within eucharistic assemblies and between and among local Churches and all Churches of the apostolic faith *throughout the world*. We are at our roots when

the People of God gather faithfully together at the Eucharist with their bishop and with his priests and deacons and other ministers. The Spirit evokes the apostolic Church not by bringing us into the past, but by wedding the past to the ongoing life and faith of this community, and by enlivening the charisms and enabling their full flourishing in a way that marked the early gatherings of the Church at prayer.

A Future Full of Hope

The Church at this moment may be likened to the disciples on the road to Emmaus (Luke 24:13 ff.). Like them, we continue to speak with one another about all that God has been doing in our midst. Like them, we are on the road, *in via,* amidst a journey, and, like them, many of our expectations have been unsettled. As our tightly held expectations are disturbed, the gift of the Lord's presence, the power of the Spirit, is ours to receive, and the Lord is in our midst, no less than on the road to Emmaus—as companion on the journey, as teacher, as guide and, especially, in the Blessing and Breaking of the Eucharistic Bread. 76

All across the continents a broadly based, shared ministry has been awakened in the Church by the Second Vatican Council and the developments which followed. Now we see with greater clarity that the Church is endowed with many gifts and ministries and offices. Today we recognize more clearly the role of the laity and the requirement to exercise all ministry in a more communal and collaborative fashion. All of these developments are signs of God's enduring love and care for the Church, and all are invitations to renewed and deeper faith in the Spirit's guidance, to profound gratitude for the Spirit's gifts, and to an ever-widening hope for a future as yet unknown. 77

PART FOUR

PLANNING FOR THE FUTURE: TOWARD A COLLABORATIVE, INCLUSIVE MINISTRY

Ministry in this new millennium will be more collaborative and more inclusive in its exercise. The Body is endowed with many gifts. Authentic collaboration is rooted in the conviction that all of the baptized are given a share in Christ's priestly ministry, and that one and all are necessary for the fulfillment of the Church's mission. True collaboration requires an appreciation of the distinction and differentiation of roles and responsibilities in the Body of Christ, together with a clear recognition of the fundamental equality of all the baptized, ordained and nonordained. For effective collaboration to occur, each one must believe that he or she has something to offer, and have trust in the gifts that others bring to our common task. Above all, we must be willing to admit that we can achieve something together that we cannot achieve alone.

While lay ministry differs from the ministry of the ordained, it too is a participation in the priestly ministry of Christ and so is appropriate in its own right. Only with this realization is true collaboration between ministries ordained and nonordained possible.

If we are to move forward in confidence and hope, what is required, not simply desirable, is planning at all levels of ecclesial life in order to meet the growing needs of an ever-changing Church. What follows are four sets of exercises to be explored by parish-based groups, pastoral councils and other groups within the archdiocese as they seek to strategize ways to meet ministerial needs of the Church of tomorrow.

EXERCISE ONE: SEEING AND UNDERSTANDING

The first exercise involves *looking* at "snapshots" of Church life which seek to capture some of the challenges to be faced as we respond to the gift and the task of reshaping ministerial structures in the Archdiocese of Los Angeles. These snapshots are intended to capture some of the realities to be faced in the Church in this new millennium. You may select one of these snapshots and examine it at great length during one of your group meetings. Or you may focus on several of them over the course of a series of meetings during which you try to *understand* the challenges that await you, and chart out a strategy for reshaping ministerial structures in more appropriate ways. There is an abundance of scenarios that can be captured in snapshots like the ones that follow. In the course of looking at these snapshots, you may want to develop your own for closer examination.

1.   A 56-year-old Sister has been the Director of Religious Education in her parish for 13 years. Over the last year, tensions between herself and the pastor have been mounting. These tensions are brought to a head when a first-year seminarian, 30 years old, is assigned to help out in the parish as part of his seminary formation. He is introduced to the parish community during the Sunday Masses. The pastor is "all aglow with excitement and enthusiasm," referring to the seminarian as "the hope for the future of the Church." The DRE feels resentful because the pastor has made a "big scene," "falling all over the seminarian." "The pastor acts like the only ones doing ministry are himself and this 'wet behind the ears' seminarian." She claims, "I cover for him day in and day out. So do all the other lay ministers on the staff. Each of us does more than he does." The Sister, an appropriately trained minister, feels like hired help. She does not feel appreciated. Do you have any advice for her? For the pastor?

2.   The functions of ministry continue to evolve today as they have in the past. In the Church of the future, should there be a transfer of jurisdictional authority, it is conceivable that lay ministers may preside at burial services, witness marriages, and baptize

on a regular basis. If the ordained priest is identified primarily with what he does, this identity is potentially threatened with changes in activity. Since some of what the priest does is becoming more and more interchangeable with what the laypeople do, this may result in an identity crisis for the ordained minister. In light of so many changes, a 62-year-old priest approaches his bishop in frustration, and articulates his concerns thus:

• Now that just about anybody can do just about anything in the Church today, why would anyone want to be a priest?

• With the Second Vatican Council's affirmation of the importance of the laity, and with its understanding that the fullness of the Sacrament of Holy Orders resides in the bishop(s), the importance of the priesthood has gotten lost in the shuffle.

• Saying Mass and hearing confessions, the priest's "job description," gets so little attention because of the administrative burdens of a parish priest, and because of the expectation that he "empower the laity."

• My "job description" has changed too much already. I am afraid that I will be unable to negotiate yet more changes that lie ahead.

What would you tell this priest if you were his bishop?

3.   A 32-year-old physician is thinking of leaving his practice. He enrolls in an M.A. program in Pastoral Studies. As he nears completion of the M.A., he does indeed leave his medical practice and accepts a pastoral internship in the most remote region of the diocese, where there are three parishes with one pastor. A retired priest says Mass on two Sundays a month in one of the parishes, but can do no more. The doctor-become-lay minister is considering being ordained a permanent deacon, something he has begun discussing with his bishop. For now, he is pleased to be "just" a pastoral associate. In this remote region of the diocese, people do not like to travel very far. Indeed, some cannot. How can these three parishes share resources in such a scenario? How are the tasks and resources to be distributed? Concretely, how/where is the Easter Vigil to be celebrated in the coming year(s)?

Víctor Alemán

4.   The pastor and priest associate of a large parish are both on the verge of burnout because of the weight of pastoral activity and, even more, because of the day-to-day maintenance of the parish. To meet the crisis head on, the pastor hires a parish business manager and asks the bishop for the appointment of a lay pastoral associate. The latter takes up several tasks often associated with the priesthood, among them: leading the prayers at the vigil service before a funeral Mass, conducting the prayers for the commendation of the dead at graveside, and visiting the seriously ill in home and hospital. But the parishioners want personal contact with a priest in such circumstances. Discuss various strategies for facing the ministerial challenges in this scenario.

5.   A young couple is preparing for marriage. They expect to visit with a priest periodically in the course of the preparation. In the initial contact, the priest instructs the couple to work henceforward with the parish marriage preparation team, comprised of married couples and led by the lay pastoral associate. They express their disappointment at not having one-on-one contact with the priest and

decide to go to another parish for "personal attention." If you were the lay pastoral associate, what would you say to the young couple?

6.   Several neighboring parish councils collaborate in working out their daily Mass schedule, so that there is no unnecessary duplication of services. Parishioners are duly informed of the new Mass schedule, and encouraged to participate in the Masses at neighboring parishes. They resist on the grounds that "the other church is not my parish." What recommendations might be made to move forward?

7.   A bishop is faced with closing or clustering parishes because he does not have enough priests to provide a resident pastor for each parish. What advice would you give to the bishop?

8.   The Guadalupanas have gathered at the parish church on Thursday evenings for years, followed by a meeting with the parish priest to discuss their various apostolic works within the parish. The new pastor informs them that, because of other parochial duties, he is unable to join with them for their sessions. The Guadalupanas feel abandoned. More importantly, they are reluctant to meet without the presence of a priest, because of their commonly held conviction that they cannot make decisions affecting the life of anyone in the parish without the approval of a priest. Any advice?

9.   A senior pastor feels that he cannot retire because there is no priest to replace him as pastor. Despite his age, deteriorating health, and long years of service, he decides to stay on as pastor out of a sense of responsibility to his people. What other options are at his disposal?

10.   A laywoman feels called to lay ecclesial ministry but cannot afford to live on a "church salary." How to proceed?

11.   A member of the parish for more than 20 years is increasingly frustrated because he cannot connect with a priest. Secretaries, receptionists, lay associates, voice mail—but no priest is to be found. After finally reaching a priest, the parishioner is advised that what concerns him would be better dealt with by the deacon in the parish. He resists the advice. Any recommendations?

12.   One parishioner telephones another and reports: "A few days ago I called the church for information about planning the Quinceañera for our youngest daughter. The parish secretary told me that the pastor was doing 'group' Quinceañeras only. Our family has a long history of priests conducting the Quinceañera in the presence of family and friends, not in front of the whole church filled with total strangers! I am hurt and enraged that the priest will not honor our traditions and do the Quinceañera the way it has always been done." What would you say if you were part of this telephone conversation?

13.   A shy and reticent parishioner asks to see the pastor. She expresses great sadness as she tells him: "Our parish used to have three priests serving us. Now there is only you, Father, and there are no associate priests. On Sunday, we have 'supply' priests and sometimes it seems like these visitors are saying all the Masses. For many years we were urged to build a stronger sense of community in the parish, but now I am beginning to feel a loss of a sense of family and community in my parish because of all these visiting priests. What's going to happen to our parish, Father?" What would you recommend that the pastor say?

EXERCISE TWO:
UNDERSTANDING AND JUDGING

In the second exercise the focus is on one or another of the scriptural sources which provide the basis for the understanding of ministry expressed in this Pastoral Letter. The purpose of the exercise is to gain a clearer *understanding* of the nature of ministry, ordained and nonordained, and, in light of that understanding, to come to some *judgments* about the way ministry is to be exercised in your parish in the coming years. What does the passage say about ministry in the Church, the coming Church "seen" in the snapshots in Exercise One? Do our current ministerial structures in the parish, deanery, pastoral region, and the archdiocese help or hinder the view of ministry expressed in:

- 1 Corinthians 12 ff.   "Gifts that differ"
- John 13:1–20   "As I have done for you"
- Mark 6:30–44   "You feed them"

Discuss how our exercise of ministry in the Church might be a clearer expression of our commitment to take to heart Jesus' words to his disciples: "I have set you an example, that you also should do as I have done for you."

Exercise Three: Deciding

The third exercise is intended to help parish groups decide what needs to be done, what changes need to be made, in order to move toward a more collaborative and inclusive approach to ministry. Within the context of your small group or parish community, invite one or another of those present to share the story of the circumstances which brought him or her to recognize the need to change, to be more collaborative and inclusive—perhaps in a personal relationship, in the family, at the workplace, and then in their life in the Church and in their ministry. What *decisions* needed to be made and why? What was needed to sustain and strengthen the decision once it was made? Invite the individual and the whole group to focus on a series of questions, among them: What were the perceptions, convictions, behavior that had to be set aside in response to a call to greater collaboration? Consider several qualities often judged necessary for collaboration in ministry:

- Respect for the priesthood of the baptized and the ministerial priesthood rooted in the conviction that each is essential to the life of the Church.

- Commitment to ongoing conversion to equality, interdependence, mutuality in every dimension of ecclesial life.

- Openness.

- Willingness to change.

- Vulnerability, the recognition of the need for help, because we cannot and should not try to do it all ourselves.

- Nondefensiveness.

- Generosity, a willingness to share.

- Holding in poised spiritual liberty the inevitable tensions that come with change.

Which of these qualities do you judge to be most important as your parish moves toward a more collaborative and inclusive approach to ministry? What is missing from the list of qualities? Name them. What are the strengths and challenges of a more collaborative, participatory, inclusive approach to ministry? Spell them out. Does a collaborative and inclusive approach to ministry have any weaknesses or shortcomings? Be specific.

EXERCISE FOUR: ACTING

The fourth exercise involves identifying concrete and quite specific *actions* that must now be taken in light of what has been *seen* and *understood*, and in view of the *judgments* and *decisions* arising from the previous exercises. This exercise focuses on several questions to be explored together at the parish, deanery, regional, and archdiocesan levels.

1.   How does the priest best discern charism and vocation in the members of his parish community?

2.   How might we better educate seminarians and priests to recognize and develop the gifts of all the baptized?

3.   How might the priest be better at mentoring leaders in the parish and in forming faithful disciples?

4.   How do we animate people to respond to their baptismal call to full participation in the life of the Church, to share in the mission of Christ and the Spirit according to their unique vocation and gift?

5.   Through baptism, all Christians are called to share in the mission of Christ and the Spirit. The demands of Christian discipleship entail giving particular attention to the last, the littlest and

the least in Church and society. Who are the last, the littlest and the least in your parish, neighborhood, workplace, school, community? And what concrete steps can be taken to be of greater service to them?

6.   What concrete steps should we take to develop a process to discern, identify, and call forth the gifts of the baptized and then provide adequate formation in the exercise of lay ecclesial ministry?

7.   What concrete steps can we take to nourish, support and sustain vocations to the ordained priesthood and religious life?

8.   How can we assure that the training and formation of lay ecclesial ministers will be one of the top priorities of the archdiocese and of our parishes?

9.   How do we educate lay Catholics to embrace new models of ministry?

10.   How do we help priests negotiate the many changes that yet lie ahead?

11.   How do we learn the skill of listening to one another within our communities, small groups, the parish, the deanery, the pastoral region, the archdiocese?

12.   If you were to develop a job description of the ordained priest in the Church today, what would it look like?

CONCLUSION

The dawn of this new millennium is an occasion of great joy and deep hope. This is a moment of grace, a time in history when we, clergy, religious and laity, are called to recognize the rich opportunities that are ours for the service of Christ and his Church. We are gifted by God to respond to the challenges that await us. We have no reason to fear, but an abundance of reasons to live in hope and confidence.

There are many resources within our archdiocese to help us, one and all, to respond to the gifts and the tasks before us. I pledge my support to the priests, religious and laity as we move together to meet the needs of our local Church, working to reshape ministerial structures so that they allow for a more collaborative and inclusive exercise of ministry. This archdiocese has fine programs of education and training for ministry. I urge you to take advantage of the many opportunities offered through the archdiocese, through St. John's Seminary, St. John's Seminary College, Loyola Marymount University, Mount St. Mary's College, and other resources. We welcome your active participation to assure that the rich diversity of the Spirit's gifts will continue to flourish in service of the Body of Christ and the wider world in our own time and place.

As we move together in a spirit of true collaboration, one of the challenges awaiting us is to learn more about sharing resources at the local level. If ministry is to be truly collaborative and inclusive, then we must make greater efforts in "twinning" and establishing "sister parishes" throughout the archdiocese. How can we encourage developing sister parish relationships between poorer parishes and those with greater financial resources? In working together to establish greater collaboration between different parishes we will all gain a fuller appreciation of the ways in which all ministers of Christ and his Church are challenged to become more effective advocates for the poor, the last, the littlest, the least in both Church and society.

Since the conclusion of the Priests' Assembly in October 1997, the priests of the archdiocese have been working more closely at the deanery level. Greater collaboration in ministry will require that we commit ourselves to work even more closely within all our deaneries. How do we enhance the importance of the deanery as a resource and model of collaboration? How do we enhance the decision-making ability of the pastoral regions and deaneries to deal with local situations? How do we form a more effective, collaborative deanery structure? How can the deanery become a context for the continuation of the work of the Priests' Assembly and Convocations?

This Pastoral Letter is itself the fruit of the Priests' Assembly of 1997 and the Convocations of 1998 and 1999. These have been vitally important gatherings for the life of our archdiocese and for its future. If we are to continue to reap the rich rewards of those gatherings, to continue to develop a more collaborative and inclusive approach to ministry that the priests have called for, then one of the challenges that awaits us now is to gather together priests, deacons, religious, and lay leaders to explore how we all might more effectively exercise our ministry as servants of Christ and his Church.

It is, then, with great joy that I announce that I am hereby convoking an Archdiocesan Synod which will include members of the whole People of God. The last Synod in the Archdiocese of Los Angeles was held in 1960, prior to the Second Vatican Council. The pre-Synodal process will begin now with the promulgation of this Pastoral Letter and, hopefully, will conclude in late 2002 or early 2003 in our new Cathedral of Our Lady of the Angels.

In preparation for the Synod, I urge each and every priest, deacon, religious, and baptized Catholic within the archdiocese to take to heart the words of this Pastoral Letter. If the message is to be taken to heart, what is required, not merely desirable, is that each and every parish begin to plan for studying the entire Pastoral Letter and for engaging in the exercises in Part Four of this Letter. In so doing we will be better able to move forward together in the hope of being and building the Body of Christ in this local Church of Los Angeles.

Ours is a rich inheritance, a plentiful endowment. But this is not a treasure of silver or gold. Rather, our inheritance is an abundance of gift—a flourishing of gifts more plentiful than we had ever imagined!